PRÉFACE

La collection de guides de conversation "Tout ira bien!", publié par T&P Books, est conçue pour les gens qui voyagent par affaire ou par plaisir. Les guides de conversations contiennent le plus important - l'essentiel pour la communication de base. Il s'agit d'une série indispensable de phrases pour survivre à l'étranger.

Ce guide de conversation vous aidera dans la plupart des cas où vous devez demander quelque chose, trouver une direction, découvrir le prix d'un souvenir, etc. Il peut aussi résoudre des situations de communication difficile lorsque la gesticulation n'aide pas.

Ce livre contient beaucoup de phrases qui ont été groupées par thèmes. Vous trouverez aussi un mini dictionnaire avec des mots utiles - les nombres, le temps, le calendrier, les couleurs...

Emmenez avec vous un guide de conversation "Tout ira bien!" sur la route et vous aurez un compagnon de voyage irremplaçable qui vous aidera à vous sortir de toutes les situations et vous enseignera à ne pas avoir peur de parler aux étrangers.

TABLE DES MATIÈRES

PRONONCIATION

Lettre	Exemple en polonais	Alphabet phonétique T&P	Exemple en français

Voyelles

A a	fala	[a]	classe
Ą ą	są	[ɔ̃]	contrat
E e	tekst	[ɛ]	faire
Ę ę	pięć	[ɛ]	magicien
I i	niski	[i]	stylo
O o	strona	[ɔ]	robinet
Ó ó	ołów	[u]	boulevard
U u	ulica	[u]	boulevard
Y y	stalowy	[ɪ]	capital

Consonnes

B b	brew	[b]	bureau
C c	palec	[ts]	gratte-ciel
Ć ć	haftować	[tʃ]	match
D d	modny	[d]	document
F f	perfumy	[f]	formule
G g	zegarek	[g]	gris
H h	handel	[h]	h aspiré
J j	jajko	[j]	maillot
K k	krab	[k]	bocal
L l	mleko	[l]	vélo
Ł ł	głodny	[w]	iguane
M m	guma	[m]	minéral
N n	Indie	[n]	ananas
Ń ń	jesień	[ɲ]	canyon
P p	poczta	[p]	panama
R r	portret	[r]	racine
S s	studnia	[s]	syndicat
Ś ś	świat	[ɕ]	chiffre

Lettre	Exemple en polonais	Alphabet phonétique T&P	Exemple en français
T t	taniec	[t]	aventure
W w	wieczór	[v]	rivière
Z z	zachód	[z]	gazeuse
Ź ź	żaba	[ʐ]	gin, régime
Ż ż	żagiel	[ʒ]	jeunesse

Combinaisons de lettres

ch	ich, zachód	[h]	anglais - behind, finnois - raha
ci	kwiecień	[tɕ]	match
cz	czasami	[tʂ]	match
dz	dzbanek	[dz]	pizza
dzi	dziecko	[dʑ]	jean
dź	dźwig	[dʑ]	jean
dż	dżinsy	[j]	maillot
ni	niedziela	[ɲ]	canyon
rz	orzech	[ʒ]	jeunesse
si	osiem	[ɕ]	chiffre
sz	paszport	[ʂ]	chariot
zi	zima	[ʑ]	gin, régime

Remarques

˙ Qq, Vv, Xx : caractères employés uniquement dans les mots d'origine étrangère

T&P Books Publishing

GUIDE DE CONVERSATION
— POLONAIS —

Par Andrey Taranov

LES PHRASES LES PLUS UTILES

Ce guide de conversation contient les phrases et les questions les plus communes et nécessaires pour communiquer avec des étrangers

T&P BOOKS

Guide de conversation + dictionnaire de 250 mots

Guide de conversation Français-Polonais et mini dictionnaire de 250 mots

Par Andrey Taranov

La collection de guides de conversation "Tout ira bien!", publiée par T&P Books, est conçue pour les gens qui voyagent par affaire ou par plaisir. Les guides contiennent l'essentiel pour la communication de base. Il s'agit d'une série indispensable de phrases pour "survivre" à l'étranger.

Vous trouverez aussi un mini dictionnaire de 250 mots utiles, nécessaire à la communication quotidienne - le nom des mois, des jours, les unités de mesure, les membres de la famille, et plus encore.

T&P Books Publishing
www.tpbooks.com

ISBN: 978-1-78492-527-7

Ce livre existe également en format électronique.
Pour plus d'informations, veuillez consulter notre site: www.tpbooks.com
ou rendez-vous sur ceux des grandes librairies en ligne.

LISTE DES ABRÉVIATIONS

Abréviations en français

adj	-	adjective
adv	-	adverbe
anim.	-	animé
conj	-	conjonction
dénombr.	-	dénombrable
etc.	-	et cetera
f	-	nom féminin
f pl	-	féminin pluriel
fam.	-	familiar
fem.	-	féminin
form.	-	formal
inanim.	-	inanimé
indénombr.	-	indénombrable
m	-	nom masculin
m pl	-	masculin pluriel
m, f	-	masculin, féminin
masc.	-	masculin
math	-	mathematics
mil.	-	militaire
pl	-	pluriel
prep	-	préposition
pron	-	pronom
qch	-	quelque chose
qn	-	quelqu'un
sing.	-	singulier
v aux	-	verbe auxiliaire
v imp	-	verbe impersonnel
vi	-	verbe intransitif
vi, vt	-	verbe intransitif, transitif
vp	-	verbe pronominal
vt	-	verbe transitif

Abréviations en polonais

ż	-	nom féminin
ż, l.mn.	-	féminin pluriel

l.mn.	-	pluriel
m	-	nom masculin
m, ż	-	masculin, féminin
m, l.mn.	-	masculin pluriel
n	-	neutre

T&P BOOKS

GUIDE DE CONVERSATION POLONAIS

Cette section contient
des phrases importantes
qui peuvent être utiles dans
des situations courantes.
Le guide vous aidera
à demander des directions,
clarifier le prix, acheter
des billets et commander
des plats au restaurant

T&P Books Publishing

CONTENU DU GUIDE DE CONVERSATION

T&P Books Publishing

Les essentiels

Excusez-moi, …	**Przepraszam, …** [pʃɛ'praʃam, …]
Bonjour	**Witam.** ['vʲitam]
Merci	**Dziękuję.** [dʑiɛŋ'kujɛ]
Au revoir	**Do widzenia.** [dɔ vʲi'dzɛɲa]
Oui	**Tak.** [tak]
Non	**Nie.** [ɲɛ]
Je ne sais pas.	**Nie wiem.** [ɲɛ 'vʲɛm]
Où? | Où? | Quand?	**Gdzie? | Dokąd? | Kiedy?** [gdʑɛ? | 'dɔkɔnt? | 'kʲɛdi?]

J'ai besoin de …	**Potrzebuję …** [pɔtʃɛ'bujɛ …]
Je veux …	**Chcę …** ['xtsɛ …]
Avez-vous …?	**Czy jest …?** [tʃi 'jɛst …?]
Est-ce qu'il y a … ici?	**Czy jest tutaj …?** [tʃi 'jɛst 'tutaj …?]
Puis-je …?	**Czy mogę …?** [tʃi 'mɔgɛ …?]
s'il vous plaît (pour une demande)	**…, poproszę** […, pɔ'prɔʃɛ]

Je cherche …	**Szukam …** ['ʃukam …]
les toilettes	**toalety** [tɔa'lɛti]
un distributeur	**bankomatu** [bankɔ'matu]
une pharmacie	**apteki** [a'ptɛkʲi]
l'hôpital	**szpitala** [ʃpʲi'tala]
le commissariat de police	**komendy policji** [kɔ'mɛndɨ pɔ'ʎitsji]
une station de métro	**metra** ['mɛtra]

un taxi	**taksówki** [ta'ksufkʲi]
la gare	**dworca kolejowego** ['dvɔrtsa kɔlɛjɔ'vɛgɔ]

Je m'appelle ...	**Mam na imię ...** [mam na 'imʲiɛ ...]
Comment vous appelez-vous?	**Jak pan /pani/ ma na imię?** ['jak pan /'paɲi/ ma na 'imʲiɛ?]
Aidez-moi, s'il vous plaît.	**Czy może pan /pani/ mi pomóc?** [ʧi 'mɔʒɛ pan /'paɲi/ mʲi 'pɔmuts?]
J'ai un problème.	**Mam problem.** [mam 'prɔblɛm]
Je ne me sens pas bien.	**Źle się czuję.** [ʑlɛ ɕiɛ 'ʧujɛ]
Appelez une ambulance!	**Proszę wezwać karetkę!** ['prɔʃɛ 'vɛzvaʨ ka'rɛtkɛ!]
Puis-je faire un appel?	**Czy mogę zadzwonić?** [ʧi 'mɔgɛ za'dzvɔɲiʨ?]

Excusez-moi.	**Przepraszam.** [pʃɛ'praʃam]
Je vous en prie.	**Proszę bardzo.** ['prɔʃɛ 'bardzɔ]

je, moi	**ja** ['ja]
tu, toi	**ty** ['ti]
il	**on** [ɔn]
elle	**ona** ['ɔna]
ils	**oni** ['ɔɲi]
elles	**one** ['ɔnɛ]
nous	**my** ['mi]
vous	**wy** ['vi]
Vous	**pan /pani/** [pan /'paɲi/]

ENTRÉE	**WEJŚCIE** ['vɛjɕʨɛ]
SORTIE	**WYJŚCIE** ['vijɕʨɛ]
HORS SERVICE	EN PANNE	**NIECZYNNY** [ɲɛ'ʧinni]
FERMÉ	**ZAMKNIĘTE** [za'mkɲiɛntɛ]

OUVERT	**OTWARTE** [ɔ'tfartɛ]
POUR LES FEMMES	**PANIE** ['paɲɛ]
POUR LES HOMMES	**PANOWIE** [pa'nɔvʲɛ]

Questions

Où? (lieu)	**Gdzie?** [gdʑɛ?]
Où? (direction)	**Dokąd?** ['dɔkɔnt?]
D'où?	**Skąd?** ['skɔnt?]
Pourquoi?	**Dlaczego?** [dla'tʃɛgɔ?]
Pour quelle raison?	**Dlaczego?** [dla'tʃɛgɔ?]
Quand?	**Kiedy?** ['kʲɛdɨ?]

Combien de temps?	**Jak długo?** ['jag 'dwugɔ?]
À quelle heure?	**O której godzinie?** [ɔ 'kturɛj gɔ'dʑiɲɛ?]
C'est combien?	**Ile kosztuje?** ['ilɛ kɔ'ʃtujɛ?]
Avez-vous ...?	**Czy jest ...?** [tʃɨ 'jɛst ...?]
Où est ..., s'il vous plaît?	**Gdzie jest ...?** [gdʑɛ 'jɛst ...?]

Quelle heure est-il?	**Która godzina?** ['ktura gɔ'dʑina?]
Puis-je faire un appel?	**Czy mogę zadzwonić?** [tʃɨ 'mɔgɛ za'dzvɔɲitɕ?]
Qui est là?	**Kto tam?** [ktɔ tam?]
Puis-je fumer ici?	**Czy mogę tu zapalić?** [tʃɨ 'mɔgɛ tu za'palʲitɕ?]
Puis-je ...?	**Czy mogę ...?** [tʃɨ 'mɔgɛ ...?]

Besoins

Je voudrais ...	**Chciałbym /Chciałabym/ ...** ['xtɕawbim /xtɕa'wabim/ ...]
Je ne veux pas ...	**Nie chcę ...** [ɲɛ 'xtsɛ ...]
J'ai soif.	**Jestem spragniony /spragniona/.** ['jɛstɛm spra'gɲɔni /spra'gɲɔna/]
Je veux dormir.	**Chce mi się spać.** ['xtsɛ mʲi ɕɛ 'spatɕ]

Je veux ...	**Chcę ...** ['xtsɛ ...]
me laver	**umyć się** ['umitɕ ɕɛ]
brosser mes dents	**umyć zęby** ['umitɕ 'zɛmbi]
me reposer un instant	**trochę odpocząć** ['trɔxɛ ɔ'tpɔtʃɔntɕ]
changer de vêtements	**zmienić ubranie** ['zmʲɛɲitɕ u'braɲɛ]

retourner à l'hôtel	**wrócić do hotelu** ['vrutɕitɕ dɔ xɔ'tɛlu]
acheter ...	**kupić ...** ['kupʲitɕ ...]
aller à ...	**iść ...** ['iɕtɕ ...]
visiter ...	**odwiedzić ...** [ɔ'dvʲɛdʑitɕ ...]
rencontrer ...	**spotkać się z ...** ['spɔtkatɕ ɕɛ s ...]
faire un appel	**zadzwonić** [za'dzvɔɲitɕ]

Je suis fatigué /fatiguée/	**Jestem zmęczony /zmęczona/.** ['jɛstɛm zmɛ'ntʃɔni /zmɛ'ntʃɔna/]
Nous sommes fatigués /fatiguées/	**Jesteśmy zmęczeni /zmęczone/.** [jɛs'tɛɕmi zmɛ'ntʃɛɲi /zmɛ'ntʃɔnɛ/]
J'ai froid.	**Jest mi zimno.** ['jɛst mʲi 'ʑimnɔ]
J'ai chaud.	**Jest mi gorąco.** ['jɛst mʲi gɔ'rɔntsɔ]
Je suis bien.	**W porządku.** [f pɔ'ʒɔntku]

Il me faut faire un appel.	**Muszę zadzwonić.** ['muʃɛ za'dzvɔɲitɕ]
J'ai besoin d'aller aux toilettes.	**Muszę iść do toalety.** ['muʃɛ 'iɕtɕ dɔ tɔa'lɛti]
Il faut que j'aille.	**Muszę iść.** ['muʃɛ 'iɕtɕ]
Je dois partir maintenant.	**Muszę już iść.** ['muʃɛ 'juʒ 'iɕtɕ]

Comment demander la direction

Excusez-moi, ...	**Przepraszam, ...** [pʃɛ'praʃam, ...]
Où est ..., s'il vous plaît?	**Gdzie jest ...?** [gdʑɛ 'jɛst ...?]
Dans quelle direction est ...?	**W którą stronę jest ...?** [f 'kturɔ̃ 'strɔnɛ 'jɛst ...?]
Pouvez-vous m'aider, s'il vous plaît?	**Czy może pan /pani/ mi pomóc?** [tʃi 'mɔʒɛ pan /'paɲi/ mʲi 'pɔmuts?]

Je cherche ...	**Szukam ...** ['ʃukam ...]
La sortie, s'il vous plaît?	**Szukam wyjścia.** ['ʃukam 'vijɕtɕa]
Je vais à ...	**Jadę do ...** ['jadɛ dɔ ...]
C'est la bonne direction pour ...?	**Czy idę w dobrym kierunku do ...?** [tʃi 'idɛ v 'dɔbrim kʲɛ'runku 'dɔ ...?]

C'est loin?	**Czy to daleko?** [tʃi tɔ da'lɛkɔ?]
Est-ce que je peux y aller à pied?	**Czy mogę tam dojść pieszo?** [tʃi 'mɔgɛ tam 'dɔjɕtɕ 'pʲɛʃɔ?]
Pouvez-vous me le montrer sur la carte?	**Czy może mi pan /pani/ pokazać na mapie?** [tʃi 'mɔʒɛ mʲi pan /'paɲi/ pɔ'kazatɕ na 'mapʲɛ?]
Montrez-moi où sommes-nous, s'il vous plaît.	**Proszę mi pokazać gdzie teraz jesteśmy.** ['prɔʃɛ mʲi pɔ'kazatɕ gdʑɛ 'tɛras jɛ'stɛɕmi]

Ici	**Tutaj** ['tutaj]
Là-bas	**Tam** [tam]
Par ici	**Tędy** ['tɛndi]

Tournez à droite.	**Należy skręcić w prawo.** [na'lɛʑi 'skrɛntɕitɕ f 'pravɔ]
Tournez à gauche.	**Należy skręcić w lewo.** [na'lɛʑi 'skrɛntɕitɕ v 'lɛvɔ]
Prenez la première (deuxième, troisième) rue.	**pierwszy (drugi, trzeci) skręt** ['pʲɛrfʃi ('drugi, 'tʃɛtɕi) 'skrɛnt]

à droite	**w prawo** [f 'pravɔ]
à gauche	**w lewo** [v 'lɛvɔ]
Continuez tout droit.	**Proszę iść prosto.** ['prɔʃɛ 'iɕtɕ 'prɔstɔ]

Affiches, Pancartes

BIENVENUE!	**WITAMY!** [vʲiˈtamɨl]
ENTRÉE	**WEJŚCIE** [ˈvɛjɕtɕɛ]
SORTIE	**WYJŚCIE** [ˈvɨjɕtɕɛ]

POUSSEZ	**PCHAĆ** [ˈpxatɕ]
TIREZ	**CIĄGNĄĆ** [ˈtɕiɔŋgnɔntɕ]
OUVERT	**OTWARTE** [ɔˈtfartɛ]
FERMÉ	**ZAMKNIĘTE** [zaˈmkɲiɛntɛ]

POUR LES FEMMES	**PANIE** [ˈpaɲɛ]
POUR LES HOMMES	**PANOWIE** [paˈnovʲɛ]
MESSIEURS (M)	**TOALETA MĘSKA** [tɔaˈlɛta ˈmɛ̃ska]
FEMMES (F)	**TOALETA DAMSKA** [tɔaˈlɛta ˈdamska]

RABAIS | SOLDES	**ZNIŻKI** [ˈzɲiʃkʲi]
PROMOTION	**WYPRZEDAŻ** [vɨˈpʃɛdaʒ]
GRATUIT	**ZA DARMO** [za ˈdarmɔ]
NOUVEAU!	**NOWOŚĆ!** [ˈnɔvɔɕtɕl]
ATTENTION!	**UWAGA!** [uˈvagal]

COMPLET	**BRAK WOLNYCH MIEJSC** [ˈbrag ˈvɔlnɨx ˈmʲɛjsts]
RÉSERVÉ	**REZERWACJA** [rɛzɛˈrvatsja]
ADMINISTRATION	**ADMINISTRACJA** [admʲiɲiˈstratsja]
PERSONNEL SEULEMENT	**TYLKO DLA PERSONELU** [ˈtɨlkɔ ˈdla pɛrsɔˈnɛlu]

ATTENTION AU CHIEN!	**UWAGA PIES** [u'vaga 'pʲɛs]
NE PAS FUMER!	**ZAKAZ PALENIA** ['zakas pa'lɛɲa]
NE PAS TOUCHER!	**NIE DOTYKAĆ!** [ɲɛ dɔ'tɨkatɕ!]
DANGEREUX	**NIEBEZPIECZNE** [ɲɛbɛ'spʲɛtʃnɛ]
DANGER	**NIEBEZPIECZEŃSTWO** [ɲɛbɛspʲɛ'tʃɛɲstfɔ]
HAUTE TENSION	**WYSOKIE NAPIĘCIE** [vɨ'sɔkʲɛ na'pʲiɛntɕɛ]
BAIGNADE INTERDITE!	**ZAKAZ PŁYWANIA** ['zakas pwɨ'vaɲa]

HORS SERVICE | EN PANNE	**NIECZYNNY** [ɲɛ'tʃɨnnɨ]
INFLAMMABLE	**ŁATWOPALNY** [watfɔ'palnɨ]
INTERDIT	**ZABRONIONE** [zabrɔ'ɲɔnɛ]
ENTRÉE INTERDITE!	**WSTĘP WZBRONIONY!** ['fstɛmb vzbrɔ'ɲɔnɨ!]
PEINTURE FRAÎCHE	**ŚWIEŻO MALOWANE** ['ɕvʲɛʒɔ malɔ'vanɛ]

FERMÉ POUR TRAVAUX	**ZAMKNIĘTE NA CZAS REMONTU** [za'mkɲiɛntɛ na 'tʃaz rɛ'mɔntu]
TRAVAUX EN COURS	**ROBOTY DROGOWE** [rɔ'bɔtɨ drɔ'gɔvɛ]
DÉVIATION	**OBJAZD** ['ɔbjazt]

Transport - Phrases générales

avion	**samolot** [sa'mɔlɔt]
train	**pociąg** ['pɔtɕiɔŋk]
bus, autobus	**autobus** [aw'tɔbus]
ferry	**prom** ['prɔm]
taxi	**taksówka** [ta'ksufka]
voiture	**samochód** [sa'mɔxut]

horaire	**rozkład jazdy | rozkład lotów** ['rɔskwat 'jazdɨ | 'rɔskwat 'lɔtuf]
Où puis-je voir l'horaire?	**Gdzie znajdę rozkład jazdy?** [gdʑɛ 'znajdɛ 'rɔskwat 'jazdɨ?]
jours ouvrables	**dni robocze** ['dɲi rɔ'bɔtʃɛ]
jours non ouvrables	**weekend** [vɛ'ɛkɛnt]
jours fériés	**święta** ['ɕvʲiɛnta]

DÉPART	**WYJAZDY | PRZYLOTY** [vɨ'jazdɨ | pʃɨ'lɔti]
ARRIVÉE	**PRZYJAZDY | ODLOTY** [pʃɨ'jazdɨ | ɔ'dlɔti]
RETARDÉE	**OPÓŹNIONY** [ɔpu'ʑɲɔni]
ANNULÉE	**ODWOŁANY** [ɔdvɔ'wani]

prochain (train, etc.)	**następny** [na'stɛmpni]
premier	**pierwszy** ['pʲɛrfʃɨ]
dernier	**ostatni** [ɔ'statɲi]

À quelle heure est le prochain ...?	**O której jest następny ...?** [ɔ 'kturɛj 'jɛst na'stɛmpni ...?]
À quelle heure est le premier ...?	**O której jest pierwszy ...?** [ɔ 'kturɛj 'jɛst 'pʲɛrfʃɨ ...?]

À quelle heure est le dernier ...?

O której jest ostatni ...?
[ɔ 'kturɛj 'jɛst ɔ'statɲi ...?]

correspondance

przesiadka
[pʃɛ'ɕatka]

prendre la correspondance

przesiąść się
['pʃɛɕiɔ̃ɕtɕ ɕiɛ]

Dois-je prendre la correspondance?

Czy muszę się przesiadać?
[tʃi 'muʃɛ ɕiɛ pʃɛ'ɕadatɕ?]

Acheter un billet

Où puis-je acheter des billets?	**Gdzie mogę kupić bilety?** [gdʑɛ 'mɔgɛ 'kupʲitɕ bʲi'lɛti?]
billet	**bilet** ['bʲilɛt]
acheter un billet	**kupić bilet** ['kupʲitɕ 'bʲilɛt]
le prix d'un billet	**cena biletu** ['tsɛna bʲi'lɛtu]

Pour aller où?	**Dokąd?** ['dɔkɔnt?]
Quelle destination?	**Do której stacji?** [dɔ 'kturɛj 'statsji?]
Je voudrais ...	**Poproszę ...** [pɔ'prɔʃɛ ...]
un billet	**jeden bilet** ['jɛdɛn 'bʲilɛt]
deux billets	**dwa bilety** ['dva bʲi'lɛti]
trois billets	**trzy bilety** [tʃi bʲi'lɛti]

aller simple	**w jedną stronę** [f 'jɛdnɔ̃ 'strɔnɛ]
aller-retour	**w obie strony** [v 'ɔbʲɛ 'strɔni]
première classe	**pierwsza klasa** ['pʲɛrfʃa 'klasa]
classe économique	**druga klasa** ['druga 'klasa]

aujourd'hui	**dzisiaj** ['dʑiɕaj]
demain	**jutro** ['jutrɔ]
après-demain	**pojutrze** [pɔ'jutʃɛ]
dans la matinée	**rano** ['ranɔ]
l'après-midi	**po południu** [pɔ pɔ'wudɲu]
dans la soirée	**wieczorem** [vʲɛ'tʃɔrɛm]

siège côté couloir

miejsce przy przejściu
['mʲɛjstsɛ pʃi 'pʃɛjɕtɕu]

siège côté fenêtre

miejsce przy oknie
['mʲɛjstsɛ pʃi 'ɔkɲɛ]

C'est combien?

Ile kosztuje?
['ilɛ kɔ'ʃtujɛ?]

Puis-je payer avec la carte?

Czy mogę zapłacić kartą?
[ʧi 'mɔgɛ za'pwatɕitɕ 'kartɔ̃?]

L'autobus

bus, autobus
autobus
[aw'tɔbus]

autocar
autobus międzymiastowy
[aw'tɔbus mʲiɛndzimʲa'stɔvɨ]

arrêt d'autobus
przystanek autobusowy
[pʃɨ'stanɛk awtɔbu'sɔvɨ]

Où est l'arrêt d'autobus le plus proche?
Gdzie jest najbliższy przystanek autobusowy?
[gdʑɛ 'jɛst najb'ʎiʃʃɨ pʃɨ'stanɛk awtɔbu'sɔvɨ?]

numéro
numer
['numɛr]

Quel bus dois-je prendre pour aller à ...?
Którym autobusem dojadę do ...?
['kturɨm awtɔ'busɛm dɔ'jadɛ dɔ ...?]

Est-ce que ce bus va à ...?
Czy ten autobus jedzie do ...?
[tʃɨ 'tɛn aw'tɔbus 'jɛdʑɛ dɔ ...?]

L'autobus passe tous les combien?
Jak często jeżdżą autobusy?
['jak 'tʃɛ̃stɔ 'jɛʒdʒɔ̃ awtɔ'busɨ?]

chaque quart d'heure
co piętnaście minut
['tsɔ pʲiɛ'ntnaɕtɕɛ 'mʲinut]

chaque demi-heure
co pół godziny
['tsɔ 'puw gɔ'dʑinɨ]

chaque heure
co godzinę
['tsɔ gɔ'dʑinɛ]

plusieurs fois par jour
kilka razy dziennie
['kʲilka 'razɨ 'dʑɛɲɲɛ]

... fois par jour
... razy dziennie
[... 'razɨ 'dʑɛɲɲɛ]

horaire
rozkład jazdy
['rɔskwat 'jazdɨ]

Où puis-je voir l'horaire?
Gdzie znajdę rozkład jazdy?
[gdʑɛ 'znajdɛ 'rɔskwat 'jazdɨ?]

À quelle heure passe le prochain bus?
O której jest następny autobus?
[ɔ 'kturɛj 'jɛst na'stɛmpnɨ aw'tɔbus?]

À quelle heure passe le premier bus?
O której jest pierwszy autobus?
[ɔ 'kturɛj 'jɛst 'pʲɛrfʃɨ aw'tɔbus?]

À quelle heure passe le dernier bus?
O której jest ostatni autobus?
[ɔ 'kturɛj 'jɛst ɔ'statɲi aw'tɔbus?]

arrêt
przystanek
[pʃɨ'stanɛk]

prochain arrêt	**następny przystanek** [na'stɛmpnɨ pʃi'stanɛk]
terminus	**ostatni przystanek** [ɔ'statɲi pʃi'stanɛk]
Pouvez-vous arrêter ici, s'il vous plaît.	**Proszę się tu zatrzymać.** ['prɔʃɛ ɕɛ tu za'tʃɨmatɕ]
Excusez-moi, c'est mon arrêt.	**Przepraszam, to mój przystanek.** [pʃɛ'praʃam, tɔ muj pʃi'stanɛk]

Train

train	**pociąg** ['pɔtɕiɔŋk]
train de banlieue	**kolejka** [kɔ'lɛjka]
train de grande ligne	**pociąg dalekobieżny** ['pɔtɕiɔŋk dalɛkɔ'bʲɛʒnɨ]
la gare	**dworzec kolejowy** ['dvɔʒɛts kɔlɛ'jɔvɨ]
Excusez-moi, où est la sortie vers les quais?	**Przepraszam, gdzie jest wyjście z peronu?** [pʃɛ'praʃam, gdʑɛ 'jɛsd 'vɨjɕtɕɛ s pɛ'rɔnu?]

Est-ce que ce train va à ...?	**Czy ten pociąg jedzie do ...?** [tʃɨ 'tɛn 'pɔtɕiɔŋk 'jɛdʑɛ dɔ ...?]
le prochain train	**następny pociąg** [na'stɛmpnɨ 'pɔtɕiɔŋk]
À quelle heure est le prochain train?	**O której jest następny pociąg?** [ɔ 'kturɛj 'jɛst na'stɛmpnɨ 'pɔtɕiɔŋk?]
Où puis-je voir l'horaire?	**Gdzie znajdę rozkład jazdy?** [gdʑɛ 'znajdɛ 'rɔskwat 'jazdɨ?]
De quel quai?	**Z którego peronu?** [s ktu'rɛgɔ pɛ'rɔnu?]
À quelle heure arrive le train à ...?	**O której ten pociąg dojeżdża do ...?** [ɔ 'kturɛj 'tɛn 'pɔtɕiɔŋk dɔ'jɛʒdʒa dɔ ...?]

Pouvez-vous m'aider, s'il vous plaît?	**Proszę mi pomóc.** ['prɔʃɛ mʲi 'pɔmuts]
Je cherche ma place.	**Szukam swojego miejsca.** ['ʃukam sfɔ'jɛgɔ 'mʲɛjstsa]
Nous cherchons nos places.	**Szukamy naszych miejsc.** [ʃu'kamɨ 'naʃix 'mʲɛjsts]
Ma place est occupée.	**Moje miejsce jest zajęte.** ['mɔjɛ 'mʲɛjstsɛ 'jɛsd za'jɛntɛ]
Nos places sont occupées.	**Nasze miejsca są zajęte.** ['naʃɛ 'mʲɛjstsa 'sɔ̃ za'jɛntɛ]

Excusez-moi, mais c'est ma place.	**Przykro mi ale to moje miejsce.** ['pʃɨkrɔ mʲi 'alɛ tɔ 'mɔjɛ 'mʲɛjstsɛ]
Est-ce que cette place est libre?	**Czy to miejsce jest zajęte?** [tʃɨ tɔ 'mʲɛjstsɛ 'jɛsd za'jɛntɛ?]
Puis-je m'asseoir ici?	**Czy mogę tu usiąść?** [tʃɨ 'mɔgɛ tu 'uɕiɔ̃ɕtɕ?]

Sur le train - Dialogue (Pas de billet)

Votre billet, s'il vous plaît.

Bilety, proszę.
[bʲiˈlɛtɨ, ˈprɔʃɛ]

Je n'ai pas de billet.

Nie mam biletu.
[ɲɛ ˈmam bʲiˈlɛtu]

J'ai perdu mon billet.

Zgubiłem bilet.
[zguˈbʲiwɛm ˈbʲilɛt]

J'ai oublié mon billet à la maison.

Zostawiłem bilet w domu.
[zɔstaˈvʲiwɛm ˈbʲilɛt v ˈdɔmu]

Vous pouvez m'acheter un billet.

Może pan /pani/ kupić bilet ode mnie.
[ˈmɔʒɛ pan /ˈpaɲi/ ˈkupʲitɕ ˈbʲilɛt ˈɔdɛ ˈmɲɛ]

Vous devrez aussi payer une amende.

Będzie pan musiał /pani musiała/ również zapłacić mandat.
[ˈbɛndʑɛ pan ˈmuɕaw /ˈpaɲi muˈɕawa/ ˈruvɲɛʒ zaˈpwatɕitɕ ˈmandat]

D'accord.

Dobrze.
[ˈdɔbʒɛ]

Où allez-vous?

Dokąd pan /pani/ jedzie?
[ˈdɔkɔnt pan /ˈpaɲi/ ˈjɛdʑɛ?]

Je vais à ...

Jadę do ...
[ˈjadɛ dɔ ...]

Combien? Je ne comprend pas.

Ile kosztuje? Nie rozumiem.
[ˈilɛ kɔˈʃtujɛ? ɲɛ rɔˈzumʲɛm]

Pouvez-vous l'écrire, s'il vous plaît.

Czy może pan /pani/ to napisać?
[tʃɨ ˈmɔʒɛ pan /ˈpaɲi/ tɔ naˈpʲisatɕ?]

D'accord. Puis-je payer avec la carte?

Dobrze. Czy mogę zapłacić kartą?
[ˈdɔbʒɛ. tʃɨ ˈmɔgɛ zaˈpwatɕitɕ ˈkartɔ̃?]

Oui, bien sûr.

Tak, można.
[tak, ˈmɔʒna]

Voici votre reçu.

Oto pański /pani/ rachunek.
[ˈɔtɔ ˈpaɲskʲi /ˈpaɲi/ raˈxunɛk]

Désolé pour l'amende.

Przykro mi z powodu mandatu.
[ˈpʃɨkrɔ mʲi s pɔˈvɔdu maˈndatu]

Ça va. C'est de ma faute.

W porządku. To moja wina.
[f pɔˈʒɔntku. tɔ ˈmɔja ˈvʲina]

Bon voyage.

Miłej podróży.
[ˈmʲiwɛj pɔˈdruʑi]

Taxi

taxi	**taksówka** [ta'ksufka]
chauffeur de taxi	**taksówkarz** [ta'ksufkaʃ]
prendre un taxi	**złapać taksówkę** ['zwapatɕ ta'ksufkɛ]
arrêt de taxi	**postój taksówek** ['pɔstuj ta'ksuvɛk]
Où puis-je trouver un taxi?	**Gdzie mogę wziąć taksówkę?** [gdʑɛ 'mɔgɛ vʑi'ɔ̃tɕ ta'ksufkɛ?]

appeler un taxi	**zadzwonić po taksówkę** [za'dzvɔɲitɕ pɔ ta'ksufkɛ]
Il me faut un taxi.	**Potrzebuję taksówkę.** [pɔtʃɛ'bujɛ ta'ksufkɛ]
maintenant	**Jak najszybciej.** ['jak na'jʃiptɕɛj]
Quelle est votre adresse?	**Skąd pana /panią/ odebrać?** ['skɔnt 'pana /'paɲiɔ̃/ ɔ'dɛbratɕ?]
Mon adresse est ...	**Mój adres to ...** [muj 'adrɛs tɔ ...]
Votre destination?	**Dokąd pan /pani/ chce jechać?** ['dɔkɔnt pa'n /paɲi/ 'xtsɛ 'jɛxatɕ?]

Excusez-moi, ...	**Przepraszam, ...** [pʃɛ'praʃam, ...]
Vous êtes libre?	**Czy jest pan wolny?** [tʃi 'jɛst pan 'vɔlni?]
Combien ça coûte pour aller à ...?	**Ile kosztuje przejazd do ...?** ['ilɛ kɔ'ʃtujɛ 'pʃɛjazd dɔ ...?]
Vous savez où ça se trouve?	**Wie pan /pani/ gdzie to jest?** ['vʲɛ pan /'paɲi/ gdʑɛ tɔ 'jɛst?]
À l'aéroport, s'il vous plaît.	**Na lotnisko, proszę.** [na lɔt'ɲiskɔ, 'prɔʃɛ]
Arrêtez ici, s'il vous plaît.	**Proszę się tu zatrzymać.** ['prɔʃɛ ɕɛ tu za'tʃimatɕ]
Ce n'est pas ici.	**To nie tutaj.** [tɔ ɲɛ 'tutaj]
C'est la mauvaise adresse.	**To zły adres.** [tɔ 'zwɨ 'adrɛs]
tournez à gauche	**Proszę skręcić w lewo.** ['prɔʃɛ 'skrɛntɕitɕ v 'lɛvɔ]
tournez à droite	**Proszę skręcić w prawo.** ['prɔʃɛ 'skrɛntɕitɕ f 'pravɔ]

Combien je vous dois?	**Ile płacę?** ['ilɛ 'pwatsɛ?]
J'aimerais avoir un reçu, s'il vous plaît.	**Poproszę rachunek.** [pɔ'prɔʃɛ ra'xunɛk]
Gardez la monnaie.	**Proszę zachować resztę.** ['prɔʃɛ za'xɔvatɕ 'rɛʃtɛ]

Attendez-moi, s'il vous plaît ...	**Czy może pan /pani/ na mnie poczekać?** [tʃɨ 'mɔʒɛ pan /'paɲi/ na mɲɛ pɔ'tʃɛkatɕ?]
cinq minutes	**pięć minut** ['pʲiɛntɕ 'mʲinut]
dix minutes	**dziesięć minut** ['dʑɛɕiɛntɕ 'mʲinut]
quinze minutes	**piętnaście minut** [pʲiɛ'ntnaɕtɕɛ 'mʲinut]
vingt minutes	**dwadzieścia minut** [dva'dʑɛɕtɕa 'mʲinut]
une demi-heure	**pół godziny** ['puw gɔ'dʑinɨ]

Hôtel

Bonjour. **Witam.**
['vʲitam]

Je m'appelle ... **Mam na imię ...**
[mam na 'imʲiɛ ...]

J'ai réservé une chambre. **Mam rezerwację.**
[mam rɛzɛ'rvatsjɛ]

Je voudrais ... **Potrzebuję ...**
[pɔtʃɛ'bujɛ ...]

une chambre simple **pojedynczy pokój**
[pɔjɛ'dɨɲtʃɨ 'pɔkuj]

une chambre double **podwójny pokój**
[pɔ'dvujnɨ 'pɔkuj]

C'est combien? **Ile to kosztuje?**
['ilɛ tɔ kɔ'ʃtujɛ?]

C'est un peu cher. **To trochę za drogo.**
[tɔ 'trɔxɛ za 'drɔgɔ]

Avez-vous autre chose? **Czy są inne pokoje?**
[tʃɨ 'sɔ̃ 'innɛ pɔ'kɔjɛ?]

Je vais la prendre. **Wezmę ten.**
['vɛzmɛ 'tɛn]

Je vais payer comptant. **Zapłacę gotówką.**
[za'pwatsɛ gɔ'tufkɔ̃]

J'ai un problème. **Mam problem.**
[mam 'prɔblɛm]

Mon ... est cassé /Ma ... est cassée/ **... jest zepsuty /zepsuta/.**
[... 'jɛsd zɛ'psutɨ /zɛ'psuta/.]

Mon /Ma/ ... ne fonctionne pas. **... jest nieczynny /nieczynna/.**
[... 'jɛst ɲɛ'tʃɨnnɨ /ɲɛ'tʃɨnna/.]

télé **Mój telewizor ...**
[muj tɛlɛ'vʲizɔr ...]

air conditionné **Moja klimatyzacja ...**
['mɔja kʎimatɨ'zatsja ...]

robinet **Mój kran ...**
[muj 'kran ...]

douche **Mój prysznic ...**
[muj 'prɨʃnits ...]

évier **Mój zlew ...**
[muj 'zlɛf ...]

coffre-fort **Mój sejf ...**
[muj 'sɛjf ...]

serrure de porte	**Mój zamek ...** [muj 'zamɛk ...]
prise électrique	**Moje gniazdko elektryczne ...** ['mɔjɛ 'gɲaztkɔ ɛlɛ'ktritʃnɛ ...]
sèche-cheveux	**Moja suszarka ...** ['mɔja su'ʃarka ...]

Je n'ai pas ...	**Nie mam ...** [ɲɛ 'mam ...]
d'eau	**wody** ['vɔdɨ]
de lumière	**światła** ['ɕvʲatwa]
d'électricité	**prądu** ['prɔndu]

Pouvez-vous me donner ...?	**Czy może mi pan /pani/ przynieść ...?** [tʃɨ 'mɔʒɛ mʲi pan /'paɲi/ 'pʃɨɲɛɕtɕ ...?]
une serviette	**ręcznik** ['rɛntʃɲik]
une couverture	**koc** ['kɔts]
des pantoufles	**kapcie** ['kaptɕɛ]
une robe de chambre	**szlafrok** ['ʃlafrɔk]
du shampoing	**szampon** ['ʃampɔn]
du savon	**mydło** ['mɨdwɔ]

Je voudrais changer ma chambre.	**Chciałbym /chciałabym/ zmienić pokój.** ['xtɕawbɨm /xtɕa'wabɨm/ 'zmʲɛɲitɕ 'pɔkuj]
Je ne trouve pas ma clé.	**Nie mogę znaleźć mojego klucza.** [ɲɛ 'mɔgɛ 'znalɛɕtɕ mɔ'jɛgɔ 'klutʃa]
Pourriez-vous ouvrir ma chambre, s'il vous plaît?	**Czy może pani otworzyć mój pokój?** [tʃɨ 'mɔʒɛ 'paɲi ɔ'tfɔʒɨtɕ muj 'pɔkuj?]
Qui est là?	**Kto tam?** [ktɔ tam?]

Entrez!	**Proszę wejść!** ['prɔʃɛ 'vɛjɕtɕ!]
Une minute!	**Chwileczkę!** [xvʲi'lɛtʃkɛ!]
Pas maintenant, s'il vous plaît.	**Nie teraz, proszę.** [ɲɛ 'tɛras, 'prɔʃɛ]
Pouvez-vous venir à ma chambre, s'il vous plaît.	**Proszę wejść do mojego pokoju.** ['prɔʃɛ 'vɛjɕtɕ dɔ mɔ'jɛgɔ pɔ'kɔju]

J'aimerais avoir le service d'étage.

Chciałbym /chciałabym/ zamówić posiłek do pokoju.
['xtɕawbɨm /xtɕa'wabɨm/ za'muvʲitɕ pɔ'ɕiwɛg dɔ pɔ'kɔju]

Mon numéro de chambre est le ...

Mój numer pokoju to ...
[muj 'numɛr pɔ'kɔju tɔ ...]

Je pars ...

Wyjeżdżam ...
[vɨˈjɛʒdʒam ...]

Nous partons ...

Wyjeżdżamy ...
[vɨjɛˈʒdʒamɨ ...]

maintenant

jak najszybciej
['jak na'jʃɨptɕɛj]

cet après-midi

po południu
[pɔ pɔ'wudɲu]

ce soir

dziś wieczorem
['dʑiɕ vʲɛˈtʃɔrɛm]

demain

jutro
['jutrɔ]

demain matin

jutro rano
['jutrɔ 'ranɔ]

demain après-midi

jutro wieczorem
['jutrɔ vʲɛˈtʃɔrɛm]

après-demain

pojutrze
[pɔˈjutʃɛ]

Je voudrais régler mon compte.

Chciałbym zapłacić.
['xtɕawbɨm za'pwatɕitɕ]

Tout était merveilleux.

Wszystko było wspaniałe.
[fʃɨstkɔ 'bɨwɔ fspa'ɲawɛ]

Où puis-je trouver un taxi?

Gdzie mogę wziąć taksówkę?
[gdʑɛ 'mɔgɛ vʑiˈɔ̃tɕ ta'ksufkɛ?]

Pourriez-vous m'appeler un taxi, s'il vous plaît?

Czy może pan /pani/ wezwać dla mnie taksówkę?
[tʃɨ 'mɔʒɛ pan /'paɲi/ 'vɛzvatɕ 'dla 'mɲɛ ta'ksufkɛ?]

Restaurant

Puis-je voir le menu, s'il vous plaît?	**Czy mogę prosić menu?** [tʃɨ 'mɔgɛ 'prɔɕitɕ 'mɛnu?]
Une table pour une personne.	**Stolik dla jednej osoby.** ['stɔʎig 'dla 'jɛdnɛj ɔ'sɔbɨ]
Nous sommes deux (trois, quatre).	**Jest nas dwoje (troje, czworo).** ['jɛst 'naz 'dvɔjɛ ('trɔjɛ, 'tʃvɔrɔ)]

Fumeurs	**Dla palących.** ['dla pa'lɔntsɨx]
Non-fumeurs	**Dla niepalących.** ['dla ɲɛpa'lɔntsɨx]
S'il vous plaît!	**Przepraszam!** [pʃɛ'praʃam!]
menu	**menu** ['mɛnu]
carte des vins	**lista win** ['ʎista 'vʲin]
Le menu, s'il vous plaît.	**Poproszę menu.** [pɔ'prɔʃɛ 'mɛnu]

Êtes-vous prêts à commander?	**Czy są Państwo gotowi?** [tʃɨ 'sɔ̃ 'paɲstfɔ gɔ'tɔvʲi?]
Qu'allez-vous prendre?	**Co Państwo zamawiają?** ['tsɔ 'paɲstfɔ zama'vʲajɔ̃?]
Je vais prendre ...	**Zamawiam ...** [za'mavʲam ...]

Je suis végétarien.	**Jestem wegetarianinem /wegetarianką/.** ['jɛstɛm vɛgɛtaria'ɲinɛm /vɛgɛta'riankɔ̃/]
viande	**mięso** ['mʲiɛ̃sɔ]
poisson	**ryba** ['rɨba]
légumes	**warzywa** [va'ʒɨva]
Avez-vous des plats végétariens?	**Czy są dania wegetariańskie?** [tʃɨ 'sɔ̃ 'daɲa vɛgɛta'riaɲskʲɛ?]
Je ne mange pas de porc.	**Nie jadam wieprzowiny.** [ɲɛ 'jadam vʲɛpʃɔ'vʲinɨ]
Il /elle/ ne mange pas de viande.	**On /Ona/ nie je mięsa.** [ɔn /'ɔna/ ɲɛ 'jɛ 'mʲiɛ̃sa]

Je suis allergique à ...	**Jestem uczulony /uczulona/ na ...** ['jɛstɛm utʃu'lɔnɨ /utʃu'lɔna/ na ...]
Pourriez-vous m'apporter ..., s'il vous plaît.	**Czy może pan /pani/ przynieść mi ...** [tʃɨ 'mɔʒɛ pan /'paɲi/ 'pʃɨɲɛɕtɕ mʲi ...]
le sel | le poivre | du sucre	**sól | pieprz | cukier** ['suʎ | 'pʲɛpʃ | 'tsukʲɛr]
un café | un thé | un dessert	**kawa | herbata | deser** ['kava | xɛ'rbata | 'dɛsɛr]
de l'eau | gazeuse | plate	**woda | gazowana | bez gazu** ['vɔda | gazɔ'vana | 'bɛz 'gazu]
une cuillère | une fourchette | un couteau	**łyżka | widelec | nóż** ['wiʃka | vʲi'dɛlɛts | 'nuʒ]
une assiette | une serviette	**talerz | serwetka** ['talɛʃ | sɛr'vɛtka]

Bon appétit!	**Smacznego!** [sma'tʃnɛgɔ!]
Un de plus, s'il vous plaît.	**Jeszcze raz poproszę.** ['jɛʃtʃɛ 'ras pɔ'prɔʃɛ]
C'était délicieux.	**To było pyszne.** [tɔ 'bɨwɔ 'pɨʃnɛ]

l'addition | de la monnaie | le pourboire	**rachunek | drobne | napiwek** [ra'xunɛk | 'drɔbnɛ | na'pʲivɛk]
L'addition, s'il vous plaît.	**Rachunek proszę.** [ra'xunɛk 'prɔʃɛ]
Puis-je payer avec la carte?	**Czy mogę zapłacić kartą?** [tʃɨ 'mɔgɛ za'pwatɕitɕ 'kartɔ̃?]
Excusez-moi, je crois qu'il y a une erreur ici.	**Przykro mi, tu jest błąd.** ['pʃikrɔ mʲi, tu 'jɛsd 'bwɔnt]

Shopping. Faire les Magasins

Est-ce que je peux vous aider?

W czym mogę pomóc?
[f 'tʃim 'mɔgɛ 'pɔmuts?]

Avez-vous ...?

Czy jest ...?
[tʃi 'jɛst ...?]

Je cherche ...

Szukam ...
['ʃukam ...]

Il me faut ...

Potrzebuję ...
[pɔtʃɛ'bujɛ ...]

Je regarde seulement, merci.

Tylko się rozglądam.
['tɨlkɔ ɕɛ rɔ'zglɔndam]

Nous regardons seulement, merci.

Tylko się rozglądamy.
['tɨlkɔ ɕɛ rɔzglɔn'damɨ]

Je reviendrai plus tard.

Wrócę później.
['vrutsɛ 'puʐɲɛj]

On reviendra plus tard.

Wrócimy później.
[vru'tɕimɨ 'puʐɲɛj]

Rabais | Soldes

zniżka | wyprzedaż
['zɲiʃka | vɨ'pʃɛdaʒ]

Montrez-moi, s'il vous plaît ...

Czy może mi pan /pani/ pokazać ...
[tʃi 'mɔʒɛ mʲi pan /'paɲi/ pɔ'kazatɕ ...]

Donnez-moi, s'il vous plaît ...

Czy może mi pan /pani/ dać ...
[tʃi 'mɔʒɛ mʲi pan /'paɲi/ datɕ ...]

Est-ce que je peux l'essayer?

Czy mogę przymierzyć?
[tʃi 'mɔgɛ pʃi'mʲɛʒitɕ?]

Excusez-moi, où est la cabine d'essayage?

**Przepraszam,
gdzie jest przymierzalnia?**
[pʃɛ'praʃam,
gdzɛ 'jɛst pʃimʲɛ'ʒalɲa?]

Quelle couleur aimeriez-vous?

Jaki kolor pan /pani/ sobie życzy?
['jakʲi 'kɔlɔr pan /'paɲi/ 'sɔbʲɛ 'ʒitʃi?]

taille | longueur

rozmiar | długość
['rɔzmʲar | 'dwugɔɕtɕ]

Est-ce que la taille convient?

Jak to leży?
['jak tɔ 'lɛʒi?]

Combien ça coûte?

Ile to kosztuje?
['ilɛ tɔ kɔ'ʃtujɛ?]

C'est trop cher.

To za drogo.
[tɔ za 'drɔgɔ]

Je vais le prendre.

Wezmę to.
['vɛzmɛ 'tɔ]

Excusez-moi, où est la caisse?

Przepraszam, gdzie mogę zapłacić?
[pʃɛ'praʃam, gdʑɛ 'mɔgɛ za'pwatɕitɕ?]

Payerez-vous comptant ou par
carte de crédit?

**Czy płaci pan /pani/
gotówką czy kartą?**
[tʃi 'pwatɕi pan /'paɲi/
gɔ'tufkɔ̃ tʃi 'kartɔ̃?]

Comptant | par carte de crédit

Gotówką | kartą kredytową
[gɔ'tufkɔ̃ | 'kartɔ̃ krɛdɨ'tɔvɔ̃]

Voulez-vous un reçu?

Czy chce pan /pani/ rachunek?
[tʃi xtsɛ pan /'paɲi/ ra'xunɛk?]

Oui, s'il vous plaît.

Tak, proszę.
[tak, 'prɔʃɛ]

Non, ce n'est pas nécessaire.

Nie, dziękuję.
[ɲɛ, dʑiɛ'ŋkujɛ]

Merci. Bonne journée!

Dziękuję. Miłego dnia!
[dʑiɛŋ'kujɛ. mʲi'wɛgɔ dɲa!]

En ville

Excusez-moi, ...	**Przepraszam.** [pʃɛ'praʃam]
Je cherche ...	**Szukam ...** ['ʃukam ...]
le métro	**metra** ['mɛtra]
mon hôtel	**mojego hotelu** [mɔ'jɛgɔ xɔ'tɛlu]
le cinéma	**kina** ['kʲina]
un arrêt de taxi	**postoju taksówek** [pɔ'stɔju ta'ksuvɛk]

un distributeur	**bankomatu** [bankɔ'matu]
un bureau de change	**kantoru wymiany walut** [ka'ntɔru vɨ'mʲanɨ va'lut]
un café internet	**kafejki internetowej** [ka'fɛjkʲi intɛrnɛ'tɔvɛj]
la rue ...	**ulicy ...** [u'ʎitsɨ ...]
cette place-ci	**tego miejsca** ['tɛgɔ 'mʲɛjstsa]

Savez-vous où se trouve ...?	**Czy wie pan /pani/ gdzie jest ...?** [tʃɨ 'vʲɛ pan /'paɲi/ gdʑɛ 'jɛst ...?]
Quelle est cette rue?	**Na jakiej to ulicy?** [na 'jakʲɛj tɔ u'ʎitsɨ?]
Montrez-moi où sommes-nous, s'il vous plaît.	**Proszę mi pokazać gdzie teraz jesteśmy.** ['prɔʃɛ mʲi pɔ'kazatɕ gdʑɛ 'tɛras jɛ'stɛɕmɨ]
Est-ce que je peux y aller à pied?	**Czy mogę tam dojść pieszo?** [tʃɨ 'mɔgɛ tam 'dɔjɕtɕ 'pʲɛʃɔ?]
Avez-vous une carte de la ville?	**Czy ma pan /pani/ mapę miasta?** [tʃɨ ma pan /'paɲi/ 'mapɛ 'mʲasta?]

C'est combien pour un ticket?	**Ile kosztuje wejście?** ['ilɛ kɔ'ʃtujɛ 'vɛjɕtɕɛ?]
Est-ce que je peux faire des photos?	**Czy można tu robić zdjęcia?** [tʃɨ 'mɔʒna tu 'rɔbʲitɕ 'zdjɛntɕa?]
Êtes-vous ouvert?	**Czy jest otwarte?** [tʃɨ 'jɛst ɔ'tfartɛ?]

À quelle heure ouvrez-vous?

Od której jest czynne?
[ɔt 'kturɛj 'jɛst 'ʧinnɛ?]

À quelle heure fermez-vous?

Do której jest czynne?
[dɔ 'kturɛj 'jɛst 'ʧinnɛ?]

L'argent

argent	**pieniądze** [pʲɛ'ɲiɔndzɛ]
argent liquide	**gotówka** [gɔ'tufka]
des billets	**pieniądze papierowe** [pʲɛ'ɲiɔndzɛ papʲɛ'rɔvɛ]
petite monnaie	**drobne** ['drɔbnɛ]
l'addition | de la monnaie | le pourboire	**rachunek | drobne | napiwek** [ra'xunɛk | 'drɔbnɛ | na'pʲivɛk]

carte de crédit	**karta kredytowa** ['karta krɛdɨ'tɔva]
portefeuille	**portfel** ['pɔrtfɛl]
acheter	**kupować** [ku'pɔvatɕ]
payer	**płacić** ['pwatɕitɕ]
amende	**grzywna** ['gʒɨvna]
gratuit	**darmowy** [da'rmɔvɨ]

Où puis-je acheter …?	**Gdzie mogę kupić …?** [gdʑɛ 'mɔgɛ 'kupʲitɕ …?]
Est-ce que la banque est ouverte en ce moment?	**Czy bank jest teraz otwarty?** [tʃɨ 'bank 'jɛst 'tɛraz ɔ'tfartɨ?]
À quelle heure ouvre-t-elle?	**Od której jest czynny?** [ɔt 'kturɛj 'jɛst 'tʃɨnnɨ?]
À quelle heure ferme-t-elle?	**Do której jest czynny?** [dɔ 'kturɛj 'jɛst 'tʃɨnnɨ?]

C'est combien?	**Ile kosztuje?** ['ilɛ kɔ'ʃtujɛ?]
Combien ça coûte?	**Ile to kosztuje?** ['ilɛ tɔ kɔ'ʃtujɛ?]
C'est trop cher.	**To za drogo.** [tɔ za 'drɔgɔ]

Excusez-moi, où est la caisse?	**Przepraszam, gdzie mogę zapłacić?** [pʃɛ'praʃam, gdʑɛ 'mɔgɛ za'pwatɕitɕ?]
L'addition, s'il vous plaît.	**Rachunek proszę.** [ra'xunɛk 'prɔʃɛ]

Puis-je payer avec la carte?

Czy mogę zapłacić kartą?
[tʃi 'mɔgɛ za'pwatɕitɕ 'kartɔ̃?]

Est-ce qu'il y a un distributeur ici?

Czy jest tu gdzieś bankomat?
[tʃi 'jɛst tu gdʑɛɕ bankɔ'mat?]

Je cherche un distributeur.

Szukam bankomatu.
['ʃukam bankɔ'matu]

Je cherche un bureau de change.

Szukam kantoru wymiany walut.
['ʃukam ka'ntɔru vɨ'mʲanɨ 'valut]

Je voudrais changer ...

Chciałbym /Chciałabym/ wymienić ...
['xtɕawbɨm /xtɕa'wabɨm/ vɨ'mʲɛɲitɕ ...]

Quel est le taux de change?

Jaki jest kurs?
['jakʲi 'jɛst 'kurs?]

Avez-vous besoin de mon passeport?

Czy potrzebuje pan /pani/ mój paszport?
[tʃi pɔtʃɛ'bujɛ pan /'paɲi/ muj 'paʃpɔrt?]

Le temps

Quelle heure est-il?	**Która godzina?** ['ktura gɔ'dʑina?]
Quand?	**Kiedy?** ['kʲɛdɨ?]
À quelle heure?	**O której godzinie?** [ɔ 'kturɛj gɔ'dʑiɲɛ?]
maintenant | plus tard | après ...	**teraz | później | po ...** ['tɛraz | 'puʑɲɛj | pɔ ...]
une heure	**godzina pierwsza** [gɔ'dʑina 'pʲɛrʃʃa]
une heure et quart	**pierwsza piętnaście** ['pʲɛrʃʃa pʲɛ'ntnaɕtɕɛ]
une heure et demie	**pierwsza trzydzieści** ['pʲɛrʃʃa ʧi'dʑɛɕtɕi]
deux heures moins quart	**za piętnaście druga** [za pʲɛ'ntnaɕtɕɛ 'druga]
un | deux | trois	**pierwsza | druga | trzecia** ['pʲɛrʃʃa | 'druga | 'ʧɛtɕa]
quatre | cinq | six	**czwarta | piąta | szósta** ['ʧvarta | 'pʲɔnta | 'ʃusta]
sept | huit | neuf	**siódma | ósma | dziewiąta** ['ɕudma | 'usma | dʑɛ'vʲɔnta]
dix | onze | douze	**dziesiąta | jedenasta | dwunasta** [dʑɛ'ɕɔnta | jɛdɛ'nasta | dvu'nasta]
dans ...	**za ...** [za ...]
cinq minutes	**pięć minut** ['pʲɛntɕ 'mʲinut]
dix minutes	**dziesięć minut** ['dʑɛɕɛntɕ 'mʲinut]
quinze minutes	**piętnaście minut** [pʲɛ'ntnaɕtɕɛ 'mʲinut]
vingt minutes	**dwadzieścia minut** [dva'dʑɛɕtɕa 'mʲinut]
une demi-heure	**pół godziny** ['puw gɔ'dʑinɨ]
une heure	**godzinę** [gɔ'dʑinɛ]

dans la matinée	**rano** ['ranɔ]
tôt le matin	**wcześnie rano** ['ftʃɛɕɲɛ 'ranɔ]
ce matin	**tego ranka** ['tɛgɔ 'ranka]
demain matin	**jutro rano** ['jutrɔ 'ranɔ]
à midi	**w południe** [f pɔ'wudɲɛ]
dans l'après-midi	**po południu** [pɔ pɔ'wudɲu]
dans la soirée	**wieczorem** [vʲɛ'tʃɔrɛm]
ce soir	**dziś wieczorem** ['dʑiɕ vʲɛ'tʃɔrɛm]
la nuit	**w nocy** [f 'nɔtsɨ]
hier	**wczoraj** ['ftʃɔraj]
aujourd'hui	**dzisiaj** ['dʑiɕaj]
demain	**jutro** ['jutrɔ]
après-demain	**pojutrze** [pɔ'jutʃɛ]
Quel jour sommes-nous aujourd'hui?	**Jaki jest dzisiaj dzień?** ['jakʲi 'jɛst 'dʑiɕaj 'dʑɛɲ?]
Nous sommes ...	**Jest ...** ['jɛst ...]
lundi	**poniedziałek** [pɔɲɛ'dʑawɛk]
mardi	**wtorek** ['ftɔrɛk]
mercredi	**środa** ['ɕrɔda]
jeudi	**czwartek** ['tʃvartɛk]
vendredi	**piątek** ['pʲiɔntɛk]
samedi	**sobota** [sɔ'bɔta]
dimanche	**niedziela** [ɲɛ'dʑɛla]

Salutations - Introductions

Bonjour.

Witam.
['vⁱitam]

Enchanté /Enchantée/

Miło mi pana /panią/ poznać.
['mⁱiwɔ mⁱi 'pana /'paɲiɔ̃/ 'pɔznatɕ]

Moi aussi.

Mi również.
[mⁱi 'ruvɲɛʒ]

Je voudrais vous présenter ...

Chciałbym żeby pan poznał /pani poznała/ ...
['xtɕawbⁱm 'ʒɛbɨ pan 'pɔznaw /'paɲi pɔ'znawa/ ...]

Ravi /Ravie/ de vous rencontrer.

Miło pana /panią/ poznać.
['mⁱiwɔ 'pana /'paɲiɔ̃/ 'pɔznatɕ]

Comment allez-vous?

Jak się pan /pani/ miewa?
['jak ɕɛ pan /'paɲi/ 'mⁱɛva?]

Je m'appelle ...

Mam na imię ...
[mam na 'imⁱiɛ ...]

Il s'appelle ...

On ma na imię ...
['ɔn ma na 'imⁱiɛ ...]

Elle s'appelle ...

Ona ma na imię ...
['ɔna ma na 'imⁱiɛ ...]

Comment vous appelez-vous?

Jak pan /pani/ ma na imię?
['jak pan /'paɲi/ ma na 'imⁱiɛ?]

Quel est son nom?

Jak on ma na imię?
['jak 'ɔn ma na 'imⁱiɛ?]

Quel est son nom?

Jak ona ma na imię?
['jak 'ɔna ma na 'imⁱiɛ?]

Quel est votre nom de famille?

Jak pan /pani/ się nazywa?
['jak pan /'paɲi/ ɕɛ na'zɨva?]

Vous pouvez m'appeler ...

Może się pan /pani/ do mnie zwracać ...
['mɔʒɛ ɕɛ pa'n /paɲi/ dɔ 'mɲɛ 'zvratsatɕ ...]

D'où êtes-vous?

Skąd pan /pani/ jest?
['skɔnt pan /'paɲi/ 'jɛst?]

Je suis de ...

Pochodzę z ...
[pɔ'xɔdzɛ s ...]

Qu'est-ce que vous faites dans la vie?

Czym się pan /pani/ zajmuje?
['tʃɨm ɕɛ pan /'paɲi/ zaj'mujɛ?]

Qui est-ce?

Kto to jest?
[ktɔ tɔ 'jɛst?]

Qui est-il?

Kim on jest?
['kⁱim 'ɔn 'jɛst?]

Qui est-elle?	**Kim ona jest?** ['kʲim 'ɔna 'jɛst?]
Qui sont-ils?	**Kim oni są?** ['kʲim 'ɔɲi sɔ̃?]

C'est ...	**To jest ...** [tɔ 'jɛst ...]
mon ami	**mój przyjaciel** [muj pʃi'jatɕɛl]
mon amie	**moja przyjaciółka** ['mɔja pʃija'tɕuwka]
mon mari	**mój mąż** [muj 'mɔ̃ʒ]
ma femme	**moja żona** ['mɔja 'ʒɔna]

mon père	**mój ojciec** [muj 'ɔjtɕɛts]
ma mère	**moja matka** ['mɔja 'matka]
mon frère	**mój brat** [muj 'brat]
ma sœur	**moja siostra** ['mɔja 'ɕɔstra]
mon fils	**mój syn** [muj 'sin]
ma fille	**moja córka** ['mɔja 'tsurka]

C'est notre fils.	**To jest nasz syn.** [tɔ 'jɛst 'naʃ 'sin]
C'est notre fille.	**To jest nasza córka.** [tɔ 'jɛst 'naʃa 'tsurka]
Ce sont mes enfants.	**To moje dzieci.** [tɔ 'mɔjɛ 'dʑɛtɕi]
Ce sont nos enfants.	**To nasze dzieci.** [tɔ 'naʃɛ 'dʑɛtɕi]

Les adieux

Au revoir!	**Do widzenia!** [dɔ vʲi'dzɛɲa!]
Salut!	**Cześć!** ['ʧɛɕʨ!]
À demain.	**Do zobaczenia jutro.** [dɔ zɔba'ʧɛɲa 'jutrɔ]
À bientôt.	**Na razie.** [na 'raʑɛ]
On se revoit à sept heures.	**Do zobaczenia o siódmej.** [dɔ zɔba'ʧɛɲa ɔ 'ɕudmɛj]

Amusez-vous bien!	**Bawcie się dobrze!** ['bafʨɛ ɕiɛ 'dɔbʒɛ!]
On se voit plus tard.	**Do usłyszenia.** [dɔ uswɨ'ʂɛɲa]
Bonne fin de semaine.	**Miłego weekendu.** [mʲi'wɛgɔ vɛɛ'kɛndu]
Bonne nuit.	**Dobranoc.** [dɔ'branɔts]

Il est l'heure que je parte.	**Czas na mnie.** [ʧas na 'mɲɛ]
Je dois m'en aller.	**Muszę iść.** ['muʃɛ 'iɕʨ]
Je reviens tout de suite.	**Wracam za chwilę.** ['vratsam za 'xvʲilɛ]

Il est tard.	**Późno już.** ['puʑnɔ 'juʒ]
Je dois me lever tôt.	**Muszę wstać wcześnie.** ['muʃɛ 'fstaʨ 'fʧɛɕɲɛ]
Je pars demain.	**Wyjeżdżam jutro.** [vɨ'jɛʒdʒam 'jutrɔ]
Nous partons demain.	**Wyjeżdżamy jutro.** [vɨjɛʒ'dʒamɨ 'jutrɔ]

Bon voyage!	**Miłej podróży!** ['mʲiwɛj pɔ'druʑi!]
Enchanté de faire votre connaissance.	**Miło było pana /panią/ poznać.** ['mʲiwɔ 'bɨwɔ 'pana /'paɲiɔ̃/ 'pɔznaʨ]
Heureux /Heureuse/ d'avoir parlé avec vous.	**Miło się rozmawiało.** ['mʲiwɔ ɕiɛ rɔzma'vʲawɔ]
Merci pour tout.	**Dziękuję za wszystko.** [dʑɛŋ'kujɛ za 'fʂɨstkɔ]

Je me suis vraiment amusé /amusée/

Dobrze się bawiłem /bawiłam/.
['dɔbʒɛ ɕɛ ba'vʲiwɛm /ba'vʲiwam/]

Nous nous sommes vraiment amusés /amusées/

Dobrze się bawiliśmy.
['dɔbʒɛ ɕɛ bavʲi'ʎiɕmi]

C'était vraiment plaisant.

Było naprawdę świetne.
['bɨwɔ na'pravdɛ 'ɕvʲɛtnɛ]

Vous allez me manquer.

Będę tęsknić.
['bɛndɛ 'tɛ̃skɲitɕ]

Vous allez nous manquer.

Będziemy tęsknić.
[bɛ'ndʑɛmɨ 'tɛ̃skɲitɕ]

Bonne chance!

Powodzenia!
[pɔvɔ'dzɛɲa!]

Mes salutations à ...

Pozdrów ...
['pɔzdruf ...]

Une langue étrangère

Je ne comprends pas.	**Nie rozumiem.** [ɲɛ rɔ'zumʲɛm]
Écrivez-le, s'il vous plaît.	**Czy może pan /pani/ to napisać?** [ʧi 'mɔʒɛ pan /'paɲi/ tɔ na'pʲisatɕ?]
Parlez-vous …?	**Czy mówi pan /pani/ po …?** [ʧi 'muvʲi pan /'paɲi/ pɔ …?]

Je parle un peu …	**Mówię troszkę po …** ['muvʲiɛ 'trɔʃkɛ pɔ …]
anglais	**angielsku** [a'ngʲɛlsku]
turc	**turecku** [tu'rɛtsku]
arabe	**arabsku** [a'rapsku]
français	**francusku** [fran'tsusku]

allemand	**niemiecku** [ɲɛ'mʲɛtsku]
italien	**włosku** ['vwɔsku]
espagnol	**hiszpańsku** [xi'ʃpaɲsku]
portugais	**portugalsku** [pɔrtu'galsku]
chinois	**chińsku** ['xiɲsku]
japonais	**japońsku** [ja'pɔɲsku]

Pouvez-vous le répéter, s'il vous plaît.	**Czy może pan /pani/ powtórzyć?** [ʧi 'mɔʒɛ pan /'paɲi/ pɔ'ftuʒitɕ?]
Je comprends.	**Rozumiem.** [rɔ'zumʲɛm]
Je ne comprends pas.	**Nie rozumiem.** [ɲɛ rɔ'zumʲɛm]
Parlez plus lentement, s'il vous plaît.	**Proszę mówić wolniej.** ['prɔʃɛ 'muvʲitɕ 'vɔlɲɛj]

Est-ce que c'est correct?	**Czy jest poprawne?** [ʧi 'jɛst pɔ'pravnɛ?]
Qu'est-ce que c'est?	**Co to znaczy?** ['tsɔ tɔ 'znaʧi?]

Les excuses

Excusez-moi, s'il vous plaît.	**Przepraszam.** [pʃɛ'praʃam]
Je suis désolé /désolée/	**Przepraszam.** [pʃɛ'praʃam]
Je suis vraiment /désolée/	**Bardzo przepraszam.** ['bardzɔ pʃɛ'praʃam]
Désolé /Désolée/, c'est ma faute.	**Przepraszam, to moja wina.** [pʃɛ'praʃam, tɔ 'mɔja 'vʲina]
Au temps pour moi.	**Mój błąd.** [muj 'bwɔnt]
Puis-je ...?	**Czy mogę ...?** [ʧɨ 'mɔgɛ ...?]
Ça vous dérange si je ...?	**Czy ma pan /pani/ coś przeciwko gdybym ...?** [ʧɨ ma pan /'paɲi/ 'tsɔɕ pʃɛ'tɕifkɔ 'gdɨbɨm ...?]
Ce n'est pas grave.	**Nic się nie stało.** ['ɲits ɕɛ ɲɛ 'stawɔ]
Ça va.	**Wszystko w porządku.** ['fʃistkɔ f pɔ'ʒɔntku]
Ne vous inquiétez pas.	**Nic nie szkodzi.** ['ɲits ɲɛ 'ʃkɔdzi]

Les accords

Oui	**Tak.** [tak]
Oui, bien sûr.	**Tak, oczywiście.** [tak, ɔtʃi'vʲiɕtɕɛ]
Bien.	**Dobrze!** ['dɔbʒɛ!]
Très bien.	**Bardzo dobrze.** ['bardzɔ 'dɔbʒɛ]
Bien sûr!	**Oczywiście!** [ɔtʃi'vʲiɕtɕɛ!]
Je suis d'accord.	**Zgadzam się.** ['zgadzam ɕiɛ]

C'est correct.	**Dokładnie tak.** [dɔ'kwadɲɛ 'tak]
C'est exact.	**Zgadza się.** ['zgadza ɕiɛ]
Vous avez raison.	**Ma pan /pani/ rację.** [ma pan /'paɲi/ 'ratsjɛ]
Je ne suis pas contre.	**Nie mam nic przeciwko.** [ɲɛ 'mam 'ɲits pʃɛ'tɕifkɔ]
Tout à fait correct.	**Bardzo poprawnie.** ['bardzɔ pɔ'pravɲɛ]

C'est possible.	**To możliwe.** [tɔ mɔ'ʒʎivɛ]
C'est une bonne idée.	**To dobry pomysł.** [tɔ 'dɔbri 'pɔmɨs]
Je ne peux pas dire non.	**Nie mogę odmówić.** [ɲɛ 'mɔgɛ ɔ'dmuvʲitɕ]
J'en serai ravi /ravie/	**Z radością.** [z ra'dɔɕtɕiɔ̃]
Avec plaisir.	**Z przyjemnością.** [s pʃijɛ'mnɔɕtɕiɔ̃]

Refus, exprimer le doute

Non	**Nie.** [nɛ]
Absolument pas.	**Z pewnością nie.** [s pɛ'vnɔɕtɕiɔ̃ 'nɛ]
Je ne suis pas d'accord.	**Nie zgadzam się.** [nɛ 'zgadzam ɕiɛ]
Je ne le crois pas.	**Nie wydaje mi się.** [nɛ vi'dajɛ mʲi ɕiɛ]
Ce n'est pas vrai.	**To nie prawda.** [tɔ nɛ 'pravda]

Vous avez tort.	**Nie ma pan /pani/ racji.** [nɛ ma pan /'paɲi/ 'ratsji]
Je pense que vous avez tort.	**Myślę że nie ma pan /pani/ racji.** ['miɕlɛ 'ʒɛ nɛ ma pan /'paɲi/ 'ratsji]
Je ne suis pas sûr /sûre/	**Nie jestem pewien /pewna/.** [nɛ 'jɛstɛm 'pɛvʲɛn /'pɛvna/]

C'est impossible.	**To niemożliwe.** [tɔ nɛmɔ'ʒʎivɛ]
Pas du tout!	**Nic podobnego!** ['ɲits pɔdɔ'bnɛgɔ!]

Au contraire!	**Dokładnie odwrotnie.** [dɔ'kwadɲɛ ɔ'dvrɔtɲɛ]
Je suis contre.	**Nie zgadzam się.** [nɛ 'zgadzam ɕiɛ]
Ça m'est égal.	**Wszystko mi jedno.** ['fʃistkɔ mʲi 'jɛdnɔ]
Je n'ai aucune idée.	**Nie mam pojęcia.** [nɛ 'mam pɔ'jɛntɕa]
Je doute que cela soit ainsi.	**Wątpię w to.** ['vɔntpʲiɛ f 'tɔ]

Désolé /Désolée/, je ne peux pas.	**Przepraszam, nie mogę.** [pʃɛ'praʃam, nɛ 'mɔgɛ]
Désolé /Désolée/, je ne veux pas.	**Przepraszam, nie chcę.** [pʃɛ'praʃam, nɛ 'xtsɛ]

Merci, mais ça ne m'intéresse pas.	**Dziękuję, ale nie potrzebuję tego.** [dʑiɛŋ'kujɛ, 'alɛ nɛ pɔtʃɛ'bujɛ 'tɛgɔ]
Il se fait tard.	**Robi się późno.** ['rɔbʲi ɕiɛ 'puʑnɔ]

Je dois me lever tôt.

Muszę wstać wcześnie.
['muʃɛ 'fstatɕ 'fʧɛɕɲɛ]

Je ne me sens pas bien.

Źle się czuję.
[ʑlɛ ɕɛ 'ʧujɛ]

Exprimer la gratitude

Merci.	**Dziękuję.** [dʑiɛŋ'kujɛ]
Merci beaucoup.	**Dziękuję bardzo.** [dʑiɛŋ'kujɛ 'bardzɔ]

Je l'apprécie beaucoup.	**Naprawdę to doceniam.** [na'pravdɛ tɔ dɔ'tsɛɲam]
Je vous suis très reconnaissant.	**Jestem naprawdę wdzięczny /wdzięczna/.** ['jɛstɛm na'pravdɛ 'vdʑiɛntʃni /'vdʑiɛntʃna/]
Nous vous sommes très reconnaissant.	**Jesteśmy naprawdę wdzięczni.** [jɛs'tɛɕmi na'pravdɛ 'vdʑiɛntʃɲi]

Merci pour votre temps.	**Dziękuję za poświęcony czas.** [dʑiɛŋ'kujɛ za pɔɕvʲiɛn'tsɔni 'tʃas]
Merci pour tout.	**Dziękuję za wszystko.** [dʑiɛŋ'kujɛ za 'fʃistkɔ]
Merci pour ...	**Dziękuję za ...** [dʑiɛŋ'kujɛ za ...]

votre aide	**pańska pomoc** ['paɲskõ 'pɔmɔts]
les bons moments passés	**miłe chwile** ['mʲiwɛ 'xvʲilɛ]

un repas merveilleux	**doskonała potrawę** [dɔskɔ'nawõ pɔ'travɛ]
cette agréable soirée	**miły wieczór** ['mʲiwi 'vʲetʃur]
cette merveilleuse journée	**wspaniały dzień** [fspa'ɲawi 'dʑɛɲ]
une excursion extraordinaire	**miła podróż** ['mʲiwa 'pɔdruʒ]

Il n'y a pas de quoi.	**Nie ma za co.** [ɲɛ ma za 'tsɔ]
Vous êtes les bienvenus.	**Proszę.** ['prɔʃɛ]
Mon plaisir.	**Zawsze do usług.** ['zafʃɛ dɔ 'uswuk]
J'ai été heureux /heureuse/ de vous aider.	**Cała przyjemność po mojej stronie.** [tsawa pʃi'jɛmnɔɕtɕ pɔ 'mɔjɛj 'strɔɲɛ]

Ça va. N'y pensez plus.

Ne vous inquiétez pas.

Nie ma o czy mówić.
[ɲɛ ma ɔ ʧi 'muvʲiʧ]

Nic nie szkodzi.
['ɲits ɲɛ 'ʃkɔdʑi]

Félicitations. Vœux de fête

Félicitations!

Gratulacje!
[gratu'latsjɛ!]

Joyeux anniversaire!

**Wszystkiego najlepszego
z okazji urodzin!**
[fʃɨ'stkʲɛgɔ najlɛ'pʃɛgɔ
z ɔ'kazji u'rɔdʑin!]

Joyeux Noël!

Wesołych Świąt!
[vɛ'sɔwɨx 'ɕvʲiɔnt!]

Bonne Année!

Szczęśliwego Nowego Roku!
[ʃtʃɛ̃ɕʎi'vɛgɔ nɔ'vɛgɔ 'rɔku!]

Joyeuses Pâques!

Wesołych Świąt Wielkanocnych!
[vɛ'sɔwɨx 'ɕvʲiɔnt vʲɛlka'nɔtsnɨx!]

Joyeux Hanoukka!

Szczęśliwego Chanuka!
[ʃtʃɛ̃ɕʎi'vɛgɔ 'xanuka!]

Je voudrais proposer un toast.

Chciałbym wznieść toast.
['xtɕawbɨm 'vzɲɛɕtɕ 'tɔast]

Santé!

Na zdrowie!
[na 'zdrɔvʲɛ!]

Buvons à …!

Wypijmy za …!
[vɨ'pʲijmɨ za …!]

À notre succès!

Za naszą pomyślność!
[za 'naʃɔ̃ pɔ'mɨɕlnɔɕtɕ!]

À votre succès!

Za Państwa pomyślność!
[za 'paɲstfa pɔ'mɨɕlnɔɕtɕ!]

Bonne chance!

Powodzenia!
[pɔvɔ'dzɛɲa!]

Bonne journée!

Miłego dnia!
['mʲiwɛgɔ 'dɲa!]

Passez de bonnes vacances !

Miłych wakacji!
['mʲiwɨx va'katsji!]

Bon voyage!

Bezpiecznej podróży!
[bɛ'spʲɛtʃnɛj pɔ'druʒi!]

Rétablissez-vous vite.

Szybkiego powrotu do zdrowia!
[ʃɨ'pkʲɛgɔ pɔ'vrɔtu dɔ 'zdrɔvʲa!]

Socialiser

Pourquoi êtes-vous si triste?
Dlaczego jest pani smutna?
[dla'tʃɛgɔ 'jɛst 'paɲi 'smutna?]

Souriez!
Proszę się uśmiechnąć, głowa do góry!
['prɔʃɛ ɕɛ u'ɕmʲɛxnɔntɕ, 'gwɔva dɔ 'gurʲi!]

Êtes-vous libre ce soir?
Czy ma pani czas dzisiaj wieczorem?
[tʃɨ ma 'paɲi 'tʃaz 'dʑiɕaj vʲɛ'tʃɔrɛm?]

Puis-je vous offrir un verre?
Czy mogę zaproponować pani drinka?
[tʃɨ 'mɔgɛ zaprɔpɔ'nɔvatɕ 'paɲi 'drinka?]

Voulez-vous danser?
Czy mogę prosić do tańca?
[tʃɨ 'mɔgɛ 'prɔɕitɕ dɔ 'taɲtsa?]

Et si on va au cinéma?
Może pójdziemy do kina?
['mɔʒɛ pu'jdʑɛmʲi dɔ 'kʲina?]

Puis-je vous inviter ...
Czy mogę zaprosić pani ...?
[tʃɨ 'mɔgɛ za'prɔɕitɕ 'paɲi ...?]

au restaurant
do restauracji
[dɔ rɛsta'wratsji]

au cinéma
do kina
[dɔ 'kʲina]

au théâtre
do teatru
[dɔ tɛ'atru]

pour une promenade
na spacer
[na 'spatsɛr]

À quelle heure?
O której godzinie?
[ɔ 'kturɛj gɔ'dʑiɲɛ?]

ce soir
dziś wieczorem
['dʑiɕ vʲɛ'tʃɔrɛm]

à six heures
o szóstej
[ɔ 'ʃustɛj]

à sept heures
o siódmej
[ɔ 'ɕudmɛj]

à huit heures
o ósmej
[ɔ 'usmɛj]

à neuf heures
o dziewiątej
[ɔ dʑɛ'vʲiɔntɛj]

Est-ce que vous aimez cet endroit?
Czy podoba się panu /pani/ tutaj?
[tʃɨ pɔ'dɔba ɕɛ 'panu /'paɲi/ 'tutaj?]

Êtes-vous ici avec quelqu'un?
Czy jest tu pani z kimś?
[tʃɨ 'jɛst tu 'paɲi s 'kʲimɕ?]

Je suis avec mon ami.

Jestem z przyjacielem /przyjaciółką/.
['jɛstɛm s pʃija'tɕɛlɛm /pʃija'tɕuwkɔ̃/]

Je suis avec mes amis.

Jestem z przyjaciółmi.
['jɛstɛm s pʃija'tɕuwmʲi]

Non, je suis seul /seule/

Nie, jestem sam /sama/.
[ɲɛ, 'jɛstɛm 'sam /'sama/]

As-tu un copain?

Czy masz chłopaka?
[ʧɨ 'maʃ xwɔ'paka?]

J'ai un copain.

Mam chłopaka.
[mam xwɔ'paka]

As-tu une copine?

Czy masz dziewczynę?
[ʧɨ 'maʃ dʑɛ'fʧinɛ?]

J'ai une copine.

Mam dziewczynę.
[mam dʑɛ'fʧinɛ]

Est-ce que je peux te revoir?

Czy mogę cię jeszcze zobaczyć?
[ʧɨ 'mɔgɛ tɕiɛ 'jɛʃʧɛ zɔ'baʧitɕ?]

Est-ce que je peux t'appeler?

Czy mogę do ciebie zadzwonić?
[ʧɨ 'mɔgɛ dɔ 'tɕɛbʲɛ za'dzvɔɲitɕ?]

Appelle-moi.

Zadzwoń do mnie.
['zadzvɔɲ dɔ 'mɲɛ]

Quel est ton numéro?

Jaki masz numer?
['jakʲi 'maʃ 'numɛr?]

Tu me manques.

Tęsknię za Tobą.
['tɛ̃skɲiɛ za 'tɔbɔ̃]

Vous avez un très beau nom.

Ma pan /pani/ piękne imię.
[ma pan /'paɲi/ 'pʲiɛŋknɛ 'imʲiɛ]

Je t'aime.

Kocham cię.
['kɔxam tɕiɛ]

Veux-tu te marier avec moi?

Czy wyjdziesz za mnie?
[ʧɨ 'vɨjdʑɛʃ za 'mɲɛ?]

Vous plaisantez!

Żartuje pan /pani/!
[ʒar'tujɛ pan /'paɲi/!]

Je plaisante.

Żartuję.
[ʒar'tujɛ]

Êtes-vous sérieux /sérieuse/?

Czy mówi pan /pani/ poważnie?
[ʧɨ 'muvʲi pan /'paɲi/ pɔ'vaʒɲɛ?]

Je suis sérieux /sérieuse/

Mówię poważnie.
['muvʲiɛ pɔ'vaʒɲɛ]

Vraiment?!

Naprawdę?!
[na'pravdɛ?!]

C'est incroyable!

To niemożliwe!
[tɔ ɲɛmɔ'ʒʎivɛ!]

Je ne vous crois pas.

Nie wierzę.
[ɲɛ 'vʲɛʒɛ]

Je ne peux pas.

Nie mogę.
[ɲɛ 'mɔgɛ]

Je ne sais pas.

Nie wiem.
[ɲɛ 'vʲɛm]

Je ne vous comprends pas

Nie rozumiem.
[ɲɛ rɔ'zumʲɛm]

Laissez-moi! Allez-vous-en!

Proszę odejść.
['prɔʃɛ 'ɔdɛjɕʨ]

Laissez-moi tranquille!

Proszę zostawić mnie w spokoju!
['prɔʃɛ zɔ'stavʲiʨ 'mɲɛ f spɔ'kɔju!]

Je ne le supporte pas.

Nie znoszę go.
[ɲɛ 'znɔʃɛ 'gɔ]

Vous êtes dégoûtant!

Jest pan obrzydliwy!
['jɛst pan ɔbʒi'dʎivʲi!]

Je vais appeler la police!

Zadzwonię po policję!
[za'dzvɔɲiɛ pɔ pɔ'ʎitsjɛ!]

Partager des impressions. Émotions

J'aime ça.	**Podoba mi się to.** [pɔ'dɔba mʲi ɕiɛ 'tɔ]
C'est gentil.	**Bardzo ładne.** ['bardzɔ 'wadnɛ]
C'est super!	**Wspaniale!** [fspa'ɲalɛ!]
C'est assez bien.	**Nieźle.** ['ɲɛʑlɛ]
Je n'aime pas ça.	**Nie podoba mi się to.** [ɲɛ pɔ'dɔba mʲi ɕiɛ 'tɔ]
Ce n'est pas bien.	**Nieładnie.** [ɲɛ'wadɲɛ]
C'est mauvais.	**To jest złe.** [tɔ 'jɛsd 'zwɛ]
Ce n'est pas bien du tout.	**To bardzo złe.** [tɔ 'bardzɔ 'zwɛ]
C'est dégoûtant.	**To obrzydliwe.** [tɔ ɔbʒɨ'dʎivɛ]
Je suis content /contente/	**Jestem szczęśliwy /szczęśliwa/.** ['jɛstɛm ʃʧɛ'ɕʎivɨ /ʃʧɛ'ɕʎiva/]
Je suis heureux /heureuse/	**Jestem zadowolony /zadowolona/.** ['jɛstɛm zadɔvɔ'lɔnɨ /zadɔvɔ'lɔna/]
Je suis amoureux /amoureuse/	**Jestem zakochany /zakochana/.** ['jɛstɛm zakɔ'xanɨ /zakɔ'xana/]
Je suis calme.	**Jestem spokojny /spokojna/.** ['jɛstɛm spɔ'kɔjnɨ /spɔ'kɔjna/]
Je m'ennuie.	**Jestem znudzony /znudzona/.** ['jɛstɛm znu'dzɔnɨ /znu'dzɔna/]
Je suis fatigué /fatiguée/	**Jestem zmęczony /zmęczona/.** ['jɛstɛm zmɛ'nʧɔnɨ /zmɛ'nʧɔna/]
Je suis triste.	**Jestem smutny /smutna/.** ['jɛstɛm 'smutnɨ /'smutna/]
J'ai peur.	**Jestem przestraszony /przestraszona/.** ['jɛstɛm pʃɛstra'ʃɔnɨ /pʃɛstra'ʃɔna/]
Je suis fâché /fâchée/	**Jestem zły /zła/.** ['jɛstɛm 'zwɨ /'zwa/]
Je suis inquiet /inquiète/	**Martwię się.** ['martfiɛ ɕiɛ]
Je suis nerveux /nerveuse/	**Jestem zdenerwowany /zdenerwowana/.** ['jɛstɛm zdɛnɛrvɔ'vanɨ /zdɛnɛrvɔ'vana/]

Je suis jaloux /jalouse/

Jestem zazdrosny /zazdrosna/.
['jɛstɛm za'zdrɔsni /za'zdrɔsna/]

Je suis surpris /surprise/

Jestem zaskoczony /zaskoczona/.
['jɛstɛm zaskɔ'tʃɔni /zaskɔ'tʃɔna/]

Je suis gêné /gênée/

Jestem zakłopotany /zakłopotana/.
['jɛstɛm zakwɔpɔ'tani /zakwɔpɔ'tana/]

Problèmes. Accidents

J'ai un problème.

Mam problem.
[mam 'prɔblɛm]

Nous avons un problème.

Mamy problem.
['mamɨ 'prɔblɛm]

Je suis perdu /perdue/

Zgubiłem /Zgubiłam/ się.
[zgu'bʲiwɛm /zgu'bʲiwam/ ɕiɛ]

J'ai manqué le dernier bus (train).

Uciekł mi ostatni autobus (pociąg).
['utɕɛk mʲi ɔ'statɲi aw'tɔbus ('pɔtɕiɔŋk)]

Je n'ai plus d'argent.

Nie mam ani grosza.
[ɲɛ 'mam 'aɲi 'grɔʃa]

J'ai perdu mon ...

Zgubiłem /Zgubiłam/ ...
[zgu'bʲiwɛm /zgu'bʲiwam/ ...]

On m'a volé mon ...

Ktoś ukradł ...
['ktɔɕ 'ukrat ...]

passeport

mój paszport
[muj 'paʃpɔrt]

portefeuille

mój portfel
[muj 'pɔrtfɛl]

papiers

moje dokumenty
['mɔjɛ dɔku'mɛntɨ]

billet

mój bilet
[muj 'bʲilɛt]

argent

moje pieniądze
['mɔjɛ pʲɛ'ɲiɔndzɛ]

sac à main

moje torebkę
['mɔjɛ tɔ'rɛpkɛ]

appareil photo

mój aparat fotograficzny
[muj a'parat fɔtɔgra'fitʃnɨ]

portable

mój laptop
[muj 'laptɔp]

ma tablette

mój tablet
[muj 'tablɛt]

mobile

mój telefon
[muj tɛ'lefɔn]

Au secours!

Pomocy!
[pɔ'mɔtsɨ!]

Qu'est-il arrivé?

Co się stało?
['tsɔ ɕiɛ 'stawɔ?]

un incendie

pożar
['pɔʒar]

des coups de feu	**strzał** ['stʃaw]
un meurtre	**morderca** [mɔ'rdɛrtsa]
une explosion	**wybuch** ['vɨbux]
une bagarre	**bójka** ['bujka]

Appelez la police!	**Proszę zadzwonić na policję!** ['prɔʃɛ za'dzvɔɲitɕ na pɔ'ʎitsjɛ!]
Dépêchez-vous, s'il vous plaît!	**Proszę się pospieszyć!** ['prɔʃɛ ɕiɛ pɔ'spʲɛʃitɕ!]
Je cherche le commissariat de police.	**Szukam komendy policji.** ['ʃukam kɔ'mɛndɨ pɔ'ʎitsji]
Il me faut faire un appel.	**Muszę zadzwonić.** ['muʃɛ za'dzvɔɲitɕ]
Puis-je utiliser votre téléphone?	**Czy mogę skorzystać z telefonu?** [tʃɨ 'mɔgɛ skɔ'ʒɨstatɕ s tɛlɛ'fɔnu?]

J'ai été ...	**Zostałem /Zostałam/ ...** [zɔ'stawɛm /zɔ'stawam/ ...]
agressé /agressée/	**obrabowany /obrabowana/** [ɔbrabɔ'vanɨ /ɔbrabɔ'vana/]
volé /volée/	**okradziony /okradziona/** [ɔkra'dzɔɲɨ /ɔkra'dzɔna/]
violée	**zgwałcona** [zgva'wtsɔna]
attaqué /attaquée/	**pobity /pobita/** [pɔ'bʲitɨ /pɔ'bʲita/]

Est-ce que ça va?	**Czy wszystko w porządku?** [tʃɨ 'fʃistkɔ f pɔ'ʒɔntku?]
Avez-vous vu qui c'était?	**Czy widział pan /widziała pani/ kto to był?** [tʃɨ 'vʲidʑaw pan /vʲi'dʑawa 'paɲi/ 'ktɔ tɔ 'bɨw?]
Pourriez-vous reconnaître cette personne?	**Czy może pan /pani/ rozpoznać sprawcę?** [tʃɨ 'mɔʒɛ pan /'paɲi/ rɔ'spɔznatɕ 'spraftsɛ?]
Vous êtes sûr?	**Jest pan pewny /pani pewna/?** ['jɛst pan 'pɛvnɨ /'paɲi 'pɛvna/?]

Calmez-vous, s'il vous plaît.	**Proszę się uspokoić.** ['prɔʃɛ ɕiɛ uspɔ'kɔitɕ]
Calmez-vous!	**Spokojnie!** [spɔ'kɔjɲɛ!]
Ne vous inquiétez pas.	**Proszę się nie martwić!** ['prɔʃɛ ɕiɛ ɲɛ 'martfitɕ!]
Tout ira bien.	**Wszystko będzie dobrze.** [fʃistkɔ 'bɛndʑɛ 'dɔbʒɛ]

Ça va. Tout va bien.

Wszystko jest w porządku.
[ffistkɔ 'jɛsd f pɔ'ʒɔntku]

Venez ici, s'il vous plaît.

Proszę tu podejść.
['prɔʃɛ tu 'pɔdɛjɕtɕ]

J'ai des questions à vous poser.

Mam kilka pytań.
[mam 'kʲiʎka 'pitaɲ]

Attendez un moment, s'il vous plaît.

Proszę chwilę zaczekać.
['prɔʃɛ 'xvʲilɛ za'ʧɛkatɕ]

Avez-vous une carte d'identité?

Czy ma pan /pani/ dowód tożsamości?
[ʧi ma pan /'paɲi/ 'dɔvut tɔʃsa'mɔɕtɕi?]

Merci. Vous pouvez partir maintenant.

Dziękuję. Może pan /pani/ odejść.
[dʑiɛŋ'kujɛ. 'mɔʒɛ pan /'paɲi/ 'ɔdɛjɕtɕ]

Les mains derrière la tête!

Ręce za głowę!
['rɛntsɛ za 'gwɔvɛ!]

Vous êtes arrêté!

**Jest pan aresztowany
/pani aresztowana/!**
['jɛst pan arɛʃtɔ'vanɨ
/'paɲi arɛʃtɔ'vana/!]

Problèmes de santé

Aidez-moi, s'il vous plaît.	**Proszę mi pomóc.** ['prɔʃɛ mʲi 'pɔmuts]
Je ne me sens pas bien.	**Źle się czuję.** [ʑlɛ ɕɛ 'tʃujɛ]
Mon mari ne se sent pas bien.	**Mój mąż nie czuje się dobrze.** [muj 'mɔ̃ʒ ɲɛ 'tʃujɛ ɕɛ 'dɔbʒɛ]
Mon fils ...	**Mój syn ...** [muj 'sɨn ...]
Mon père ...	**Mój ojciec ...** [muj 'ɔjtɕɛts ...]

Ma femme ne se sent pas bien.	**Moja żona nie czuje się dobrze.** ['mɔja 'ʒɔna ɲɛ 'tʃujɛ ɕɛ 'dɔbʒɛ]
Ma fille ...	**Moja córka ...** ['mɔja 'tsurka ...]
Ma mère ...	**Moja matka ...** ['mɔja 'matka ...]

J'ai mal ...	**Boli mnie ...** ['bɔʎi 'mɲɛ ...]
à la tête	**głowa** ['gwɔva]
à la gorge	**gardło** ['gardwɔ]
à l'estomac	**brzuch** ['bʒux]
aux dents	**ząb** ['zɔmp]

J'ai le vertige.	**Kręci mi się w głowie.** ['krɛntɕi mʲi ɕɛ v 'gwɔvʲɛ]
Il a de la fièvre.	**On ma gorączkę.** [ɔn ma gɔ'rɔntʃkɛ]
Elle a de la fièvre.	**Ona ma gorączkę.** ['ɔna ma gɔ'rɔntʃkɛ]
Je ne peux pas respirer.	**Nie mogę oddychać.** [ɲɛ 'mɔgɛ ɔ'ddɨxatɕ]

J'ai du mal à respirer.	**Mam krótki oddech.** [mam 'krutkʲi 'ɔddɛx]
Je suis asthmatique.	**Jestem astmatykiem.** ['jɛstɛm astma'tɨkʲɛm]
Je suis diabétique.	**Jestem diabetykiem.** ['jɛstɛm diabɛ'tɨkʲɛm]

Je ne peux pas dormir.	**Mam problemy ze snem.** [mam prɔ'blɛmɨ zɛ 'snɛm]
intoxication alimentaire	**Zatrułem się jedzeniem** [za'truwɛm ɕiɛ jɛ'dzɛɲɛm]

Ça fait mal ici.	**Boli mnie tu.** ['bɔʎi 'mɲɛ 'tu]
Aidez-moi!	**Pomocy!** [pɔ'mɔtsɨ!]
Je suis ici!	**Jestem tu!** ['jɛstɛm 'tu!]
Nous sommes ici!	**Tu jesteśmy!** [tu jɛ'stɛɕmɨ!]
Sortez-moi d'ici!	**Wyjmijcie mnie stąd!** [vɨ'jmⁱijtɕɛ 'mɲɛ 'stɔnt!]
J'ai besoin d'un docteur.	**Potrzebuję lekarza.** [pɔtʃɛ'bujɛ lɛ'kaʒa]
Je ne peux pas bouger!	**Nie mogę się ruszać.** [ɲɛ 'mɔgɛ ɕiɛ 'ruʃatɕ]
Je ne peux pas bouger mes jambes.	**Nie mogę się ruszać nogami.** [ɲɛ 'mɔgɛ ɕiɛ 'ruʃatɕ nɔ'gamⁱi]

Je suis blessé /blessée/	**Jestem ranny /ranna/.** ['jɛstɛm 'rannɨ /'ranna/]
Est-ce que c'est sérieux?	**Czy to poważne?** [tʃɨ tɔ pɔ'vaʒnɛ?]
Mes papiers sont dans ma poche.	**Moje dokumenty są w kieszeni.** ['mɔjɛ dɔku'mɛntɨ 'sɔ̃ f kⁱɛ'ʃɛɲi]
Calmez-vous!	**Proszę się uspokoić.** ['prɔʃɛ ɕiɛ uspɔ'kɔitɕ]
Puis-je utiliser votre téléphone?	**Czy mogę skorzystać z telefonu?** [tʃɨ 'mɔgɛ skɔ'ʒistatɕ s tɛlɛ'fɔnu?]

Appelez une ambulance!	**Proszę wezwać karetkę!** ['prɔʃɛ 'vɛzvatɕ ka'rɛtkɛ!]
C'est urgent!	**To pilne!** [tɔ 'pⁱilnɛ!]
C'est une urgence!	**To nagłe!** [tɔ 'nagwɛ!]
Dépêchez-vous, s'il vous plaît!	**Proszę się pospieszyć!** ['prɔʃɛ ɕiɛ pɔ'spⁱɛʃitɕ!]
Appelez le docteur, s'il vous plaît.	**Czy może pan /pani/ zadzwonić po lekarza?** [tʃɨ 'mɔʒɛ pan /'paɲi/ za'dzvɔɲitɕ pɔ lɛ'kaʒa?]
Où est l'hôpital?	**Gdzie jest szpital?** [gdzɛ 'jɛst ʃpⁱi'tal?]

Comment vous sentez-vous?	**Jak się pan /pani/ czuje?** ['jak ɕiɛ pan /'paɲi/ 'tʃujɛ?]
Est-ce que ça va?	**Czy wszystko w porządku?** [tʃɨ 'fʃistkɔ f pɔ'ʒɔntku?]

Qu'est-il arrivé?	**Co się stało?** ['tsɔ ɕiɛ 'stawɔ?]
Je me sens mieux maintenant.	**Czuję się już lepiej.** ['tʃujɛ ɕiɛ 'juʒ 'lɛpʲɛj]
Ça va. Tout va bien.	**W porządku.** [f pɔ'ʒɔntku]
Ça va.	**Wszystko w porządku.** ['fʃistkɔ f pɔ'ʒɔntku]

À la pharmacie

pharmacie	**apteka** [a'ptɛka]
pharmacie 24 heures	**apteka całodobowa** [a'ptɛka tsawɔdɔ'bɔva]
Où se trouve la pharmacie la plus proche?	**Gdzie jest najbliższa apteka?** [gdʑɛ 'jɛst najb'ʎiʃʃa a'ptɛka?]

Est-elle ouverte en ce moment?	**Czy jest teraz otwarta?** [ʧɨ 'jɛst 'tɛraz ɔ'tfarta?]
À quelle heure ouvre-t-elle?	**Od której jest czynne?** [ɔt 'kturɛj 'jɛst 'ʧɨnnɛ?]
à quelle heure ferme-t-elle?	**Do której jest czynne?** [dɔ 'kturɛj 'jɛst 'ʧɨnnɛ?]

C'est loin?	**Czy to daleko?** [ʧɨ tɔ da'lɛkɔ?]
Est-ce que je peux y aller à pied?	**Czy mogę tam dojść pieszo?** [ʧɨ 'mɔgɛ tam 'dɔjɕtɕ 'pʲɛʃɔ?]
Pouvez-vous me le montrer sur la carte?	**Czy może mi pan /pani/ pokazać na mapie?** [ʧɨ 'mɔʒɛ mʲi pan /'paɲi/ pɔ'kazatɕ na 'mapʲɛ?]

Pouvez-vous me donner quelque chose contre …	**Proszę coś na …** ['prɔʃɛ 'tsɔɕ na …]
le mal de tête	**ból głowy** [bul 'gwɔvɨ]
la toux	**kaszel** ['kaʃɛl]
le rhume	**przeziębienie** [pʃɛʑiɛm'bʲɛɲɛ]
la grippe	**grypę** ['grɨpɛ]

la fièvre	**gorączkę** [gɔ'rɔnʧkɛ]
un mal d'estomac	**ból brzucha** [bul 'bʒuxa]
la nausée	**nudności** [nu'dnɔɕtɕi]
la diarrhée	**rozwolnienie** [rɔzvɔ'lɲɛɲɛ]
la constipation	**zatwardzenie** [zatfar'dzɛɲɛ]

un mal de dos	**ból pleców** [bul 'plɛtsuf]
les douleurs de poitrine	**ból w klatce piersiowej** [bul f 'klattsɛ pʲɛ'rɕɔvɛj]
les points de côté	**kolkę** ['kɔʎkɛ]
les douleurs abdominales	**ból brzucha** [bul 'bʒuxa]

une pilule	**tabletka** [ta'blɛtka]
un onguent, une crème	**maść** ['maɕtɕ]
un sirop	**syrop** ['sɨrɔp]
un spray	**spray** ['sprai̯]
les gouttes	**drażetki** [dra'ʒɛtkʲi]

Vous devez allez à l'hôpital.	**Musi pan /pani/ iść do szpitala.** ['muɕi pan /'paɲi/ 'iɕtɕ dɔ ʃpʲi'tala]
assurance maladie	**polisa na życie** [pɔ'ʎisa na 'ʒɨtɕɛ]
prescription	**recepta** [rɛ'tsɛpta]
produit anti-insecte	**środek na owady** ['ɕrɔdɛk na ɔ'vadɨ]
bandages adhésifs	**plaster** ['plastɛr]

Les essentiels

Excusez-moi, ...	**Przepraszam, ...** [pʃɛ'praʃam, ...]
Bonjour	**Witam.** ['vʲitam]
Merci	**Dziękuję.** [dʑiɛŋ'kujɛ]
Au revoir	**Do widzenia.** [dɔ vʲi'dzɛɲa]
Oui	**Tak.** [tak]
Non	**Nie.** [ɲɛ]
Je ne sais pas.	**Nie wiem.** [ɲɛ 'vʲɛm]
Où? | Où? | Quand?	**Gdzie? | Dokąd? | Kiedy?** [gdʑɛ? | 'dɔkɔnt? | 'kʲɛdɨ?]

J'ai besoin de ...	**Potrzebuję ...** [pɔtʃɛ'bujɛ ...]
Je veux ...	**Chcę ...** ['xtsɛ ...]
Avez-vous ...?	**Czy jest ...?** [tʃɨ 'jɛst ...?]
Est-ce qu'il y a ... ici?	**Czy jest tutaj ...?** [tʃɨ 'jɛst 'tutaj ...?]
Puis-je ...?	**Czy mogę ...?** [tʃɨ 'mɔgɛ ...?]
s'il vous plaît (pour une demande)	**..., poproszę** [..., pɔ'prɔʃɛ]

Je cherche ...	**Szukam ...** ['ʃukam ...]
les toilettes	**toalety** [tɔa'lɛti]
un distributeur	**bankomatu** [bankɔ'matu]
une pharmacie	**apteki** [a'ptɛkʲi]
l'hôpital	**szpitala** [ʃpʲi'tala]
le commissariat de police	**komendy policji** [kɔ'mɛndɨ pɔ'ʎitsji]
une station de métro	**metra** ['mɛtra]

un taxi	**taksówki** [taˈksufkʲi]
la gare	**dworca kolejowego** [ˈdvɔrtsa kɔlɛjɔˈvɛɡɔ]

Je m'appelle …	**Mam na imię …** [mam na ˈimʲiɛ …]
Comment vous appelez-vous?	**Jak pan /pani/ ma na imię?** [ˈjak pan /ˈpaɲi/ ma na ˈimʲiɛ?]
Aidez-moi, s'il vous plaît.	**Czy może pan /pani/ mi pomóc?** [tʃɨ ˈmɔʒɛ pan /ˈpaɲi/ mʲi ˈpɔmuts?]
J'ai un problème.	**Mam problem.** [mam ˈprɔblɛm]
Je ne me sens pas bien.	**Źle się czuję.** [zlɛ ɕiɛ ˈtʃujɛ]
Appelez une ambulance!	**Proszę wezwać karetkę!** [ˈprɔʃɛ ˈvɛzvatɕ kaˈrɛtkɛ!]
Puis-je faire un appel?	**Czy mogę zadzwonić?** [tʃɨ ˈmɔɡɛ zaˈdzvɔɲitɕ?]

Excusez-moi.	**Przepraszam.** [pʃɛˈpraʃam]
Je vous en prie.	**Proszę bardzo.** [ˈprɔʃɛ ˈbardzɔ]

je, moi	**ja** [ˈja]
tu, toi	**ty** [ˈtɨ]
il	**on** [ɔn]
elle	**ona** [ˈɔna]
ils	**oni** [ˈɔɲi]
elles	**one** [ˈɔnɛ]
nous	**my** [ˈmɨ]
vous	**wy** [ˈvɨ]
Vous	**pan /pani/** [pan /ˈpaɲi/]

ENTRÉE	**WEJŚCIE** [ˈvɛjɕtɕɛ]
SORTIE	**WYJŚCIE** [ˈvɨjɕtɕɛ]
HORS SERVICE | EN PANNE	**NIECZYNNY** [ɲɛˈtʃɨnnɨ]
FERMÉ	**ZAMKNIĘTE** [zaˈmkɲiɛntɛ]

OUVERT **OTWARTE**
[ɔ'tfartɛ]

POUR LES FEMMES **PANIE**
['paɲɛ]

POUR LES HOMMES **PANOWIE**
[pa'nɔvʲɛ]

MINI DICTIONNAIRE

Cette section contient
250 mots, utiles nécessaires
à la communication
quotidienne.
Vous y trouverez le nom
des mois et des jours.
Le dictionnaire contient
aussi des sujets aussi variés
que les couleurs, les unités
de mesure, la famille et plus

T&P Books Publishing

CONTENU DU DICTIONNAIRE

T&P Books Publishing

temps (m)	czas (m)	[tʃas]
heure (f)	godzina (ż)	[gɔ'dʑina]
demi-heure (f)	pół godziny	[puw gɔ'dʑinɨ]
minute (f)	minuta (ż)	[mi'nuta]
seconde (f)	sekunda (ż)	[sɛ'kunda]

aujourd'hui (adv)	dzisiaj	['dʑiɕaj]
demain (adv)	jutro	['jutrɔ]
hier (adv)	wczoraj	['ftʃɔraj]

lundi (m)	poniedziałek (m)	[pɔne'dʑʲawɛk]
mardi (m)	wtorek (m)	['ftɔrɛk]
mercredi (m)	środa (ż)	['ɕrɔda]
jeudi (m)	czwartek (m)	['tʃfartɛk]
vendredi (m)	piątek (m)	['põtɛk]
samedi (m)	sobota (ż)	[sɔ'bɔta]
dimanche (m)	niedziela (ż)	[ne'dʑeʎa]

jour (m)	dzień (m)	[dʑeɲ]
jour (m) ouvrable	dzień (m) roboczy	[dʑeɲ rɔ'bɔtʃɨ]
jour (m) férié	dzień (m) świąteczny	[dʑeɲ ɕfõ'tɛtʃnɨ]
week-end (m)	weekend (m)	[u'ikɛnt]

semaine (f)	tydzień (m)	['tɨdʑeɲ]
la semaine dernière	w zeszłym tygodniu	[v 'zɛʃwim tɨ'gɔdny]
la semaine prochaine	w następnym tygodniu	[v nas'tɛpnim tɨ'gɔdny]

le matin	rano	['ranɔ]
dans l'après-midi	po południu	[pɔ pɔ'wudny]

le soir	wieczorem	[vet'ʃɔrɛm]
ce soir	dzisiaj wieczorem	[dʑiɕaj vet'ʃɔrɛm]

la nuit	w nocy	[v 'nɔtsɨ]
minuit (f)	północ (ż)	['puwnɔts]

janvier (m)	styczeń (m)	['stɨtʃɛɲ]
février (m)	luty (m)	['lytɨ]
mars (m)	marzec (m)	['maʒɛts]
avril (m)	kwiecień (m)	['kfetʃeɲ]
mai (m)	maj (m)	[maj]
juin (m)	czerwiec (m)	['tʃɛrvets]

juillet (m)	lipiec (m)	['lipets]
août (m)	sierpień (m)	['ɕerpeɲ]

septembre (m)	wrzesień (m)	['vʒɛɕeɲ]
octobre (m)	październik (m)	[paʑ'dʒernik]
novembre (m)	listopad (m)	[lis'tɔpat]
décembre (m)	grudzień (m)	['grudʒeɲ]

au printemps	wiosną	['vɔsnɔ̃]
en été	latem	['ʎatɛm]
en automne	jesienią	[e'ɕenɔ̃]
en hiver	zimą	['ʒimɔ̃]

mois (m)	miesiąc (m)	['meɕɔ̃ts]
saison (f)	sezon (m)	['sɛzɔn]
année (f)	rok (m)	[rɔk]

2. Nombres. Adjectifs numéraux

zéro	zero	['zɛrɔ]
un	jeden	['edɛn]
deux	dwa	[dva]
trois	trzy	[tʃi]
quatre	cztery	['tʃtɛri]

cinq	pięć	[pɛ̃tʃ]
six	sześć	[ʃɛɕtʃ]
sept	siedem	['ɕedɛm]
huit	osiem	['ɔɕem]
neuf	dziewięć	['dʒevɛ̃tʃ]
dix	dziesięć	['dʒeɕɛ̃tʃ]

onze	jedenaście	[edɛ'naɕtʃe]
douze	dwanaście	[dva'naɕtʃe]
treize	trzynaście	[tʃi'naɕtʃe]
quatorze	czternaście	[tʃtɛr'naɕtʃe]
quinze	piętnaście	[pɛ̃t'naɕtʃe]

seize	szesnaście	[ʃɛs'naɕtʃe]
dix-sept	siedemnaście	[ɕedɛm'naɕtʃe]
dix-huit	osiemnaście	[ɔɕem'naɕtʃe]
dix-neuf	dziewiętnaście	[dʒevɛ̃t'naɕtʃe]

vingt	dwadzieścia	[dva'dʒetʃʲa]
trente	trzydzieści	[tʃi'dʒetʃi]
quarante	czterdzieści	[tʃtɛr'dʒetʃi]
cinquante	pięćdziesiąt	[pɛ̃'dʒeɕɔ̃t]

soixante	sześćdziesiąt	[ʃɛɕ'dʒeɕɔ̃t]
soixante-dix	siedemdziesiąt	[ɕedɛm'dʒeɕɔ̃t]
quatre-vingts	osiemdziesiąt	[ɔɕem'dʒeɕɔ̃t]
quatre-vingt-dix	dziewięćdziesiąt	[dʒevɛ̃'dʒeɕɔ̃t]
cent	sto	[stɔ]

deux cents	dwieście	['dvɛɕʧe]
trois cents	trzysta	['tʃista]
quatre cents	czterysta	['tʃtɛrista]
cinq cents	pięćset	['pɛ̃ʨsɛt]
six cents	sześćset	['ʃɛɕʧsɛt]
sept cents	siedemset	['ɕedɛmsɛt]
huit cents	osiemset	[ɔ'ɕemsɛt]
neuf cents	dziewięćset	['ʤevɛ̃ʧsɛt]
mille	tysiąc	['tiɕɔ̃ts]
dix mille	dziesięć tysięcy	['ʤeɕɛ̃ʨ ti'ɕentsi]
cent mille	sto tysięcy	[stɔ ti'ɕentsi]
million (m)	milion	['miʎjɔn]
milliard (m)	miliard	['miʎjart]

3. L'être humain. La famille

homme (m)	mężczyzna (m)	[mɛ̃ʃt'ʃizna]
jeune homme (m)	młodzieniec (m)	[mwɔ'ʤenets]
femme (f)	kobieta (ż)	[kɔ'beta]
jeune fille (f)	dziewczyna (ż)	[ʤeft'ʃina]
vieillard (m)	staruszek (m)	[sta'ruʃɛk]
vieille femme (f)	staruszka (ż)	[sta'ruʃka]
mère (f)	matka (ż)	['matka]
père (m)	ojciec (m)	['ɔjʧets]
fils (m)	syn (m)	[sin]
fille (f)	córka (ż)	['tsurka]
frère (m)	brat (m)	[brat]
sœur (f)	siostra (ż)	['ɕɔstra]
parents (m pl)	rodzice (l.mn.)	[rɔ'ʤitsɛ]
enfant (m, f)	dziecko (n)	['ʤetskɔ]
enfants (pl)	dzieci (l.mn.)	['ʤeʨi]
belle-mère (f)	macocha (ż)	[ma'tsɔha]
beau-père (m)	ojczym (m)	['ɔjʧɨm]
grand-mère (f)	babcia (ż)	['babʨa]
grand-père (m)	dziadek (m)	['ʤɨadɛk]
petit-fils (m)	wnuk (m)	[vnuk]
petite-fille (f)	wnuczka (ż)	['vnuʧka]
petits-enfants (pl)	wnuki (l.mn.)	['vnuki]
oncle (m)	wujek (m)	['vuek]
tante (f)	ciocia (ż)	['ʨɔʨa]
neveu (m)	bratanek (m),	[bra'tanɛk],
	siostrzeniec (m)	[sɔst'ʃɛnets]
nièce (f)	bratanica (ż),	[brata'nitsa],
	siostrzenica (ż)	[sɔst'ʃɛnitsa]

femme (f)	żona (ż)	['ʒɔna]
mari (m)	mąż (m)	[mɔ̃ʃ]
marié (adj)	żonaty	[ʒɔ'nati]
mariée (adj)	zamężna	[za'mɛnʒna]
veuve (f)	wdowa (ż)	['vdɔva]
veuf (m)	wdowiec (m)	['vdɔvɛʦ]

| prénom (m) | imię (n) | ['imɛ̃] |
| nom (m) de famille | nazwisko (n) | [naz'viskɔ] |

parent (m)	krewny (m)	['krɛvni]
ami (m)	przyjaciel (m)	[pʃi'jaʧɛʎ]
amitié (f)	przyjaźń (ż)	['pʃijaʑɲ]

partenaire (m)	partner (m)	['partnɛr]
supérieur (m)	kierownik (m)	[ke'rɔvnik]
collègue (m, f)	koleżanka (ż)	[kɔle'ʒaŋka]
voisins (m pl)	sąsiedzi (l.mn.)	[sɔ̃'ʥeʤi]

4. Le corps humain. L'anatomie

corps (m)	ciało (n)	['ʨawɔ]
cœur (m)	serce (n)	['sɛrʦɛ]
sang (m)	krew (ż)	[krɛf]
cerveau (m)	mózg (m)	[musk]

os (m)	kość (ż)	[kɔʨ]
colonne (f) vertébrale	kręgosłup (m)	[krɛ̃'gɔswup]
côte (f)	żebro (n)	['ʒɛbrɔ]
poumons (m pl)	płuca (l.mn.)	['pwuʦa]
peau (f)	skóra (ż)	['skura]

tête (f)	głowa (ż)	['gwɔva]
visage (m)	twarz (ż)	[tfaʃ]
nez (m)	nos (m)	[nɔs]
front (m)	czoło (n)	['ʧɔwɔ]
joue (f)	policzek (m)	[pɔ'liʧɛk]

bouche (f)	usta (l.mn.)	['usta]
langue (f)	język (m)	['enzik]
dent (f)	ząb (m)	[zɔ̃mp]
lèvres (f pl)	wargi (l.mn.)	['vargi]
menton (m)	podbródek (m)	[pɔdb'rudɛk]

oreille (f)	ucho (n)	['uhɔ]
cou (m)	szyja (ż)	['ʃija]
œil (m)	oko (n)	['ɔkɔ]
pupille (f)	źrenica (ż)	[ʑre'niʦa]
sourcil (m)	brew (ż)	[brɛf]
cil (m)	rzęsy (l.mn.)	['ʒɛnsi]

cheveux (m pl)	włosy (l.mn.)	['vwɔsi]
coiffure (f)	fryzura (ż)	[fri'zura]
moustache (f)	wąsy (l.mn.)	['vɔ̃si]
barbe (f)	broda (ż)	['brɔda]
porter (~ la barbe)	nosić	['nɔɕitʃ]
chauve (adj)	łysy	['wisi]

main (f)	dłoń (ż)	[dwɔɲ]
bras (m)	ręka (ż)	['rɛŋka]
doigt (m)	palec (m)	['palets]
ongle (m)	paznokieć (m)	[paz'nɔketʃ]
paume (f)	dłoń (ż)	[dwɔɲ]

épaule (f)	ramię (n)	['ramɛ̃]
jambe (f)	noga (ż)	['nɔga]
genou (m)	kolano (n)	[kɔ'ʎanɔ]
talon (m)	pięta (ż)	['penta]
dos (m)	plecy (l.mn.)	['pletsi]

5. Les vêtements. Les accessoires personnels

vêtement (m)	odzież (ż)	['ɔdʒeʃ]
manteau (m)	palto (n)	['paʎtɔ]
manteau (m) de fourrure	futro (n)	['futrɔ]
veste (f) (~ en cuir)	kurtka (ż)	['kurtka]
imperméable (m)	płaszcz (m)	[pwaʃtʃ]

chemise (f)	koszula (ż)	[kɔ'ʃuʎa]
pantalon (m)	spodnie (l.mn.)	['spɔdne]
veston (m)	marynarka (ż)	[mari'narka]
complet (m)	garnitur (m)	[gar'nitur]

robe (f)	sukienka (ż)	[su'keŋka]
jupe (f)	spódnica (ż)	[spud'nitsa]
tee-shirt (m)	koszulka (ż)	[kɔ'ʃuʎka]
peignoir (m) de bain	szlafrok (m)	['ʃʎafrɔk]
pyjama (m)	pidżama (ż)	[pi'dʒama]
tenue (f) de travail	ubranie (n) robocze	[ub'rane rɔ'bɔtʃɛ]

sous-vêtements (m pl)	bielizna (ż)	[be'lizna]
chaussettes (f pl)	skarpety (l.mn.)	[skar'pɛti]
soutien-gorge (m)	biustonosz (m)	[bys'tɔnɔʃ]
collants (m pl)	rajstopy (l.mn.)	[rajs'tɔpi]
bas (m pl)	pończochy (l.mn.)	[pɔɲt'ʃɔhi]
maillot (m) de bain	kostium (m) kąpielowy	['kɔst'jum kɔ̃pelɔvi]

chapeau (m)	czapka (ż)	['tʃapka]
chaussures (f pl)	obuwie (n)	[ɔ'buve]
bottes (f pl)	kozaki (l.mn.)	[kɔ'zaki]
talon (m)	obcas (m)	['ɔbtsas]

| lacet (m) | sznurowadło (n) | [ʃnurɔ'vadwɔ] |
| cirage (m) | pasta (ż) do butów | ['pasta dɔ 'butuf] |

gants (m pl)	rękawiczki (l.mn.)	[rɛ̃ka'vitʃki]
moufles (f pl)	rękawiczki (l.mn.)	[rɛ̃ka'vitʃki]
écharpe (f)	szalik (m)	['ʃalik]
lunettes (f pl)	okulary (l.mn.)	[ɔku'ʎari]
parapluie (m)	parasol (m)	[pa'rasɔʎ]

cravate (f)	krawat (m)	['kravat]
mouchoir (m)	chusteczka (ż) do nosa	[hus'tɛtʃka dɔ 'nɔsa]
peigne (m)	grzebień (m)	['gʒɛbɛɲ]
brosse (f) à cheveux	szczotka (ż) do włosów	['ʃtʃɔtka dɔ 'vwɔsuv]

boucle (f)	sprzączka (ż)	['spʃɔ̃tʃka]
ceinture (f)	pasek (m)	['pasɛk]
sac (m) à main	torebka (ż)	[tɔ'rɛpka]

6. La maison. L'appartement

appartement (m)	mieszkanie (n)	[mɛʃ'kane]
chambre (f)	pokój (m)	['pɔkuj]
chambre (f) à coucher	sypialnia (ż)	[si'pʲaʎna]
salle (f) à manger	jadalnia (ż)	[ja'daʎna]

salon (m)	salon (m)	['salɔn]
bureau (m)	gabinet (m)	[ga'binɛt]
antichambre (f)	przedpokój (m)	[pʃɛt'pɔkuj]
salle (f) de bains	łazienka (ż)	[wa'ʒɛɲka]
toilettes (f pl)	toaleta (ż)	[tɔa'leta]

aspirateur (m)	odkurzacz (m)	[ɔt'kuʒatʃ]
balai (m) à franges	szczotka (ż) podłogowa	['ʃtʃɔtka pɔdwɔ'gova]
torchon (m)	ścierka (ż)	['ɕtɕerka]
balayette (f) de sorgho	miotła (ż)	['mɔtwa]
pelle (f) à ordures	szufelka (ż)	[ʃu'fɛʎka]

meubles (m pl)	meble (l.mn.)	['mɛble]
table (f)	stół (m)	[stɔw]
chaise (f)	krzesło (n)	['kʃɛswɔ]
fauteuil (m)	fotel (m)	['fɔtɛʎ]

miroir (m)	lustro (n)	['lystrɔ]
tapis (m)	dywan (m)	['divan]
cheminée (f)	kominek (m)	[kɔ'minɛk]
rideaux (m pl)	zasłony (l.mn.)	[zas'wɔni]
lampe (f) de table	lampka (ż) na stół	['ʎampka na stɔw]
lustre (m)	żyrandol (m)	[ʒi'randɔʎ]
cuisine (f)	kuchnia (ż)	['kuhɲa]
cuisinière (f) à gaz	kuchenka (ż) gazowa	[ku'hɛɲka ga'zɔva]

cuisinière (f) électrique	kuchenka (ż) elektryczna	[kuˈhɛŋka ɛlektˈritʃna]
four (m) micro-ondes	mikrofalówka (ż)	[mikrɔfaˈlyfka]
réfrigérateur (m)	lodówka (ż)	[lɔˈdufka]
congélateur (m)	zamrażarka (ż)	[zamraˈʒarka]
lave-vaisselle (m)	zmywarka (ż) do naczyń	[zmiˈvarka dɔ ˈnatʃɨɲ]
robinet (m)	kran (m)	[kran]
hachoir (m) à viande	maszynka (ż) do mięsa	[maˈʃɨŋka dɔ ˈmɛnsa]
centrifugeuse (f)	sokowirówka (ż)	[sɔkɔviˈrufka]
grille-pain (m)	toster (m)	[ˈtɔstɛr]
batteur (m)	mikser (m)	[ˈmiksɛr]
machine (f) à café	ekspres (m) do kawy	[ˈɛksprɛs dɔ ˈkavɨ]
bouilloire (f)	czajnik (m)	[ˈtʃajnik]
théière (f)	czajniczek (m)	[tʃajˈnitʃɛk]
téléviseur (m)	telewizor (m)	[tɛleˈvizɔr]
magnétoscope (m)	magnetowid (m)	[magnɛˈtɔvid]
fer (m) à repasser	żelazko (n)	[ʒɛˈʎaskɔ]
téléphone (m)	telefon (m)	[tɛˈlefɔn]